다가올 3년, 금융시장의 미래를 말한다

대전환기의
투자전략

KB191862

THE
GREAT
SHIFT

다가올 3년, 금융시장의 미래를 말한다

대전환기의
투자전략

신동준 지음

메이트북스

메이트북스 우리는 책이 독자를 위한 것임을 잊지 않는다.
우리는 독자의 꿈을 사랑하고,
그 꿈이 실현될 수 있는 도구를 세상에 내놓는다.

THE GREAT SHIFT, 대전환기의 투자전략

초판 1쇄 발행 2024년 10월 15일 | **초판 2쇄 발행** 2024년 11월 5일 | **지은이** 신동준
펴낸곳 (주)원앤원콘텐츠그룹 | **펴낸이** 강현규·정영훈
등록번호 제301-2006-001호 | **등록일자** 2013년 5월 24일
주소 04607 서울시 중구 다산로 139 랜더스빌딩 5층 | **전화** (02)2234-7117
팩스 (02)2234-1086 | **홈페이지** matebooks.co.kr | **이메일** khg0109@hanmail.net
값 19,000원 | **ISBN** 979-11-6002-438-8 03320

현명한 투자자는 항상 변화의 조짐을 찾으려고 애쓴다.

• 존 템플턴(월스트리트의 전설적인 투자가) •

탈세계화, 보호무역주의로 세계경제가 블록화되고 패권국 간 무역전쟁이 심화되면서 우리가 교과서의 답처럼 알고 있던 세계화 시대의 효율성은 점점 퇴색되고 있다. 향후 세계경제의 성장동력은 무엇일까? 이 책은 기술패권을 유지하기 위한 각국의 혁신과 경쟁으로 위대한 '기술의 시대'가 시작되었고 이로 인한 생산성 향상이 탈세계화 시대의 경제성장 동력이라 정의한다. 성장산업에 대한 예견부터 한국형 자산배분전략에 이르기까지 금융회사 최고의 자산배분 전략가로 활동한 신동준 박사의 인사이트가 담긴 이 책이, 투자의 방향을 가늠하기 힘든 지금, 중요한 투자지침서가 되리라 생각한다.

박정림(전 KB증권 대표이사 사장, KB금융지주 총괄부문장)

20년 넘게 '베스트 애널리스트'로 선정될 정도로 기관투자자들이 가장 신뢰하는 전략가 중 한 사람인 저자의 책이 마침내 출간되었다. 지난 40~50년간의 경제 질서가 팬데믹 이후 고금리, 고물가, 고성장의 넥스트 노멀 시대로 바뀌고 있다는 대전환과 투자전략을 다론 이 책에는 그의 오랜 경험과 통찰력이 고스란히 녹아 있다. 자산관리(WM)의 미래는 상품이 아닌 전략에 투자하는 시대가 펼쳐질 것이라는 시각이 특히 흥미롭다. 일반 독자들은 물론 정부의 정책 담당자들과 금융회사의 경영진들에게도 훌륭한 통찰력을 선사할 것으로 기대한다.

홍성국(전 국회의원, 대우증권 대표이사 사장)

이정표 없는 숲길을 혼자 걸을 때 어디쯤 있나 두려운 생각을 해본 적 있으리라. 어쩌면 지금 대전환의 우거진 숲속 길을 헤매고 있는 우리에게는 친절한 가이드가 절실한 때다. 신동준 교수는 애널리스트로서, 운용자로서 이론과 실전을 겸비했을 뿐 아니라 절제된 따뜻한 마음을 지닌 저자다. 먼저 알고 읽어본 저로서는 추천하지 않을 수 없을 정도로 잘 쓰여진 책이다. 꼭 필독을 권한다.

김동환 (「삼프로TV」 진행자, 대안금융경제연구소장)

신동준 박사를 처음 만난 것은 리서치 애널리스트로서 리포트를 통해서였다. 단순한 시장분석과 조언에 머무는 리서치를 넘어, 자산배분 전략을 통해 실제 자산운용의 현장에서 몸소 일하며 성장하는 것을 지켜보았다. 세계화의 퇴조, 공급망 블록화, 중립금리의 상승, AI 등 기술의 엄청난 진화 등 대전환의 시대에 저자의 오랜 실전 경험과 지혜가 녹아 있는 이 책이 투자자들에게 큰 도움이 되리라 확신한다.

이창훈(전 공무원연금 자금운용단장(CIO), 푸르덴셜 자산운용 대표이사)

10년이 넘는 기간 동안 베스트 애널리스트를 추천할 때마다 단 한 번도 망설임 없이 추천했던 애널리스트! 언젠가는 그가 그토록 오랫동안 고민해오고 예측했던 것들에 대해 분명 최고의 책을 쓰리라 기대하고 있었다. 추천사 의뢰가 들어왔을 때 추천사보다 책 내용이 너무나 궁금했다. 한국만이 가지고 있는 금융시장의 특징에 맞는 자산배분전략, 그리고 향후 금융 투자업계가 어떻게 바뀔 것인가에 대한 그의 예측은 외부 자산운용 위원으로서, 또한 교수로서 10여 년을 더 버텨야 하는 나로 하여금, 전문가로서 확신에 찬 이야기를 할 수 있는 지식의 바구니를 더욱 알차게 구성할 수 있도록 해주었음을 솔직히 고백한다.

안시형(숭실대학교 경제학부 교수, 전 KDB 생명 자산운용본부장(CIO))

이제 기나긴 고금리 시대가 저물어간다. 고금리 시대에 도달하는 과정 못지 않게 금리인하 시대 역시 불확실성이 잔뜩 에워싸고 있다. 새로운 Normal이 끊임없이 등장하는 이른바 無Normal 시대의 금융자산투자는 불안하기 짝이 없다. 풍부한 현장경험과 이론으로 다져진 신동준 박사의 저서 『THE GREAT SHIFT, 대전환기의 투자전략』은 금리인하 시대에 우리를 안전하게 인도할 안전벨트와 같은 가이드이다.

류덕현(중앙대학교 경제학부 교수)

넥스트 노멀 시대,
잔 파도를 너머 큰 파도를 봐야 한다!

2000년대 초중반, 채권 담당 신참 애널리스트로 일할 때다. 채권 금리가 가파르게 하락하기 시작했다. 학교에서는 물가가 오르고 경제가 좋아지면 금리도 상승한다고 배웠는데, 웬일인지 채권금리는 물가가 올라도 하락했고, 경제가 좋아져도 조금 오르는 듯하더니 이내 더 하락했다. 당황스러운 상황이었다. 금리상승 전망이 연이어 빗나가면서 주변의 몇몇 선배 애널리스트들과 베테랑 펀드매니저들이 곤경에 처했다. 투자자들의 항의로 결국 회사를 떠나는 분들도 있었다.

당시 상황들이 도무지 이해가 되지 않았지만 두 딸의 아빠로서 일자리를 지키기 위해 경제지표들과 교과서를 잔뜩 펼쳐놓고 밤새 머리를 쥐어짜며 고민했던 기억이 난다. 그러다 문득 '채권금리를 매 순간 움직이는 것은 경제 상황과 물가가 아니라 결국 채권을 사는 사람과 파는 사람 아닌가?' 하는 생각이 들었다. 당시에는 채권 데이터를 촘촘하게 제공하는 회사가 없어서, 수급 관련 데이터를 엑셀에 넣고 이리저리 살펴봤다.

수수께끼가 풀렸다. 채권이 부족했던 것이다. 채권을 사야 하는 사람은 너무 많은데, 당시 발행되는 채권으로는 감당이 되지 않았다. 2001~2006년 동안 국민연금과 생명보험사만 해도 매월 각각 1.7조 원, 0.9조 원씩 꼬박꼬박 채권을 더 사야 했는데, 늘어나는 국채 발행은 매월 2.6조 원에 불과했다. 출생인구 수가 빠르게 늘었던 1960년대 중반 이후 세대들이 본격적으로 경제활동에 나서면서 국민연금과 보험자산, 저축이 물밀 듯 증가한 영향이었다.

우리나라만의 문제도 아니었다. 2005년 버냉키 당시 연준의장이 '글로벌 과잉 저축(global saving glut)'이 통화정책에 미치는 영향에 대해 우려를 표명하면서 생산가능인구(15~64세) 증가에 따른 '과잉 저축'은 전 세계적인 화두로 떠올랐다. 자금의 공급(저축, 채권투자)이 수요(대출, 채권발행)를 압도하면서 채권금리는 장기간에 걸쳐 구조적으로 하락했다. 잔 파도에 집중하느라 그 뒤에 있는 더 큰 파도를 보지 못한 것이다.

당시의 경험 때문인지, 경제와 금융시장을 분석할 때 지금 눈에 보이는 현상보다 그 너머에 있는 더 큰 흐름을 상상하고 찾아내는 것을 즐겼다. 현상과 이론을 뛰어넘는, 잘 보이지 않는 이면의 구조적인 변화나 메가트렌드를 찾아내는 것은 매우 흥분되는 일이었다.

지은이의 말

책의 시작은, 2000년대 초중반 신참 애널리스트로서 경험했던 큰 파도의 방향이 20년 만에 어쩌면 다시 반대 방향으로 바뀌고 있는 것은 아닌가 하는 의심과 상상에서 시작되었다. 이번에는 거꾸로 자금의 수요(대출, 채권발행)가 공급(저축, 채권투자)을 압도하면서 채권금리가 장기간에 걸쳐 추세적으로 상승할지도 모른다는 생각이었다.

팬데믹은 이런 급진적인 생각을 가속화시켰다. 팬데믹 탈출을 위해 미국 등 주요국 정부는 국채 발행을 통해 자금을 마련하면서 정부 부채를 어마어마하게 늘렸다. 인플레이션에 의한 금리 상승은 정부의 이자 부담을 급격히 키웠고, 이제는 이자 지급과 고령화 등 사회보장 지출을 위해 국채 발행을 더 늘려야 하는 상황으로 변했다. 20년 전과 반대로 경제가 나빠지고 물가가 하락해도 채권금리는 추세적으로 상승할 수 있는 환경으로 바뀐 것이다.

'THE GREAT SHIFT'는 팬데믹이 한창이던 2020년 말에 작성한 〈2021년 전망〉 보고서의 제목이기도 하다. 당시 다양한 투자 세미나를 통해 "지금 우리는 지난 40~50년 동안 경험해왔던 경제 질서와 시장 논리, 이론을 다시 써야 할지도 모르는 중요한 전환점을 지나고 있습니다. 이 흐름은 앞으로 수십 년의 시작일지도 모릅니다"라며 화두를 던졌던 기억이 난다.

탈세계화 시대에도 경제 성장은 가능하며, 향후 경제 성장의 동력은 노동과 자본이 아닌 기술 혁신이 될 것이라는 생각, 패권경쟁에 따른 기술 혁신이 생산성 향상을 이끌어 새로운 산업혁명과 에너지 혁명이 시작될 것이라는 생각 등 당시에는 꽤 생소하고 급진적이었던 생각들이 책의 기초가 되었다.

1장은 세계경제 질서가 팬데믹을 거치면서 대전환점을 지나고 있으며, 저성장·저물가·저금리의 '뉴 노멀(New Normal)'은 이제 고성장·고물가·고금리의 '넥스트 노멀(Next Normal)'로 바뀌고 있다는 책의 화두를 다루었다. 자금의 수요와 공급, 고령화와 인구구조 변화로 인해 장기금리와 인플레이션의 구조적이고 추세적인 상승 위험이 쌓여가고 있다고 판단한다.

2장은 탈세계화와 보호무역주의, 미중 패권전쟁에도 불구하고 결국 경제는 더 성장할 것이라는 내용을 다루었다. 경제의 성장 동력이 노동과 자본에서 기술 혁신으로 바뀐다는 내용과, 범용기술(컴퓨터, 인터넷)이 축적의 시간을 거쳐 하위발명(스마트폰, 자율주행, AI 등)과 만나 산업혁명과 에너지혁명으로 진화할 채비를 갖추고 있다는 내용을 담았다.

3장은 AI 밸류체인 등 성장주에 대한 생각을 담았다. AI 산업의 성장은 초기 단계의 중반부를 지나고 있으며, 기술적 특이점에 도달한 생성형 AI의 대중화는 생산성 향상의 중요한 변곡점이 될 것으로 생각한다. 성장주의 강세는 더 넓은 범위로 확장될 것이며, 다음 성장을 주도할 혁신 기업은 AI 밸류체인의 어느 단계에서 탄생할 가능성이 있는지를 점검했다.

4장은 한국형 자산배분 전략을 화두로 다양한 주제를 모아 구성했다. 환율 위험을 고려해야 하는 국내 투자자는 미국주식(달러)과 원화채권을 두 축으로 포트폴리오를 구성해야 한다. 증시 변동성이 크고 금리가 높은 시기에 왜 인컴(income) 투자가 중요한지, 개인들이 채권투자에서 주의해야 할 점은 어떤 것인지 짚으면서, 홍콩의 미래와 중국의 대체시장, 그리고 신흥시장 투자 등을 함께 다루었다.

5장과 6장 일부에는 자산관리(WM) 시장의 대전환에 관한 내용을 다루었다. 1~4장에서 경제와 금융시장의 대전환에 대해 설명했기 때문에 주제가 다른 이 장을 포함시킬지 고민이 많았다. 그러나 자산관리(WM) 부문에서 일하면서 생각했던 아이디어가 금융업계에서 일하는 독자들에게 도움이 되길 바라는 마음으로 넣었다. 자산관리의 본질적인 경쟁력은 투자자문과 함께 대량 주문을 동시다발적으로 처리할 수 있는 역량이 될 것이며, 그 수단으로 계좌를 기반으로 한 자산운용 개념인 다이렉트 인덱싱이 가지는 의미에 대해서도 설명했다. 다이렉트 인덱싱이 확산될수록 펀드, 자문형 랩, ETF 등 투자기구(vehicle)가 점차 사라지고 금융투자회사들의 역할도 변할 것이라는 주장을 담았다.

마지막으로 6장은 아직 투자 경험이 부족한 청년들을 대상으로 나누고 싶은 이야기를 모았다. 학생들을 만나다 보면, 의외로 올바른 경제와 금융, 투자 지식을 접할 수 있는 경로가 많지 않다는 것을 느낀다. 금융투자업계의 성장으로 수혜를 입은 선배의 책임감으로 투자와 진로 등에 대한 생각과 조언을 담았다.

책을 출간하면서 한 가지 걱정이 있었다. 앞으로 적어도 10년 이상의 장기 추세가 달라질 것이라는 큰 파도를 이야기하고 있지만 지금은 경제 성장이 둔화되고 물가가 안정되면서 연준이 드디어 기준금리 인하를 시작하는, 즉 잔 파도의 흐름도 바뀌는 타이밍이다. 책에서 말하는 '고금리'는 기준금리가 아니라 장기금리이며, '대전환' 또는 '추세'는 향후 1~2년 내의 이야기가 아니라 적어도 10년 이상의 큰 파도 이야기라는 점을 감안하고 읽어주시기 바란다.

책이 나오기까지, 그리고 금융투자업계에서 일하는 25년 동안 인생과 투자에 대한 귀한 가르침을 주셨던 존경하는 스승님들께 감사 인사를 드린다. DB금융투자 고원종 부회장님, KB증권 박정림 전 사장님, KB금융지주 서영호 부사장님, 안다아시아벤처스 조용준 대표님, NH-Amundi자산운용 한수일 부문장님, 숭실대학교 안시형 교수님께 머리 숙여 거듭 감사의 인사를 올린다. 또한 치열한 현장에서 매일 머리를 맞대고 토론했던 최고의 동료들인 KB증권 리서치센터의 애널리스트들과 WM투자전략본부의 직원들, 가르치는 기쁨을 선물해준 숭실대학교 금융경제학과 학생들, 책이 나오기를 기다리며 함께 기도해준 서울대학교회 대학원 예배 청년들, 출판을 위해 애써주신 메이트북스에도 감사의 인사를 전한다. 끝으로 늘 기도로 후원해주시는 존경하는 양가 부모님들과 나의 사랑하는 아내 은정, 두 딸인 유진, 예진에게도 사랑과 고마움을 전한다.

신동준

차례

지난 40~50년을 이어 오던 세계경제 질서가 팬데믹을 거치며 대전환점을 지나고 있다. 저성장, 저물가, 저금리의 '뉴 노멀'은 이제 고성장, 고물가, 고금리의 '넥스트 노멀'로 전환되는 중이다. 장기금리의 추세적 상승 위험이 쌓여가고 있다. 부채가 역대급으로 증가한 정부는 더 빌려야 하는데, 빌려줄 곳이 마땅치 않다. 최악의 경우, 경기가 나빠져도 금리가 상승할 수 있다. 추세적으로 하락하던 중립금리(균형금리)는 팬데믹을 전후로 상승 반전된 것으로 추정된다. 탈세계화와 에너지 전환에 따른 투자 증가, 기술혁신, 국채발행에 따른 정부의 자금조달 비용 상승 등이 중립금리를 끌어올리고 있다. 인구구조 변화와 고령화는 소비보다 저축을 늘려 저물가 시대를 이끌었지만 베이비붐 세대의 은퇴와 신흥국의 생산가능인구 감소가 맞물리면서 이제는 오히려 구조적 인플레이션 상승 압력으로 전환되는 중이다. 생산과 저축보다 소비와 투자가 증가하면서 인플레이션 압력을 높일 것이다. 경기침체는 통화긴축의 결과가 아니라 금융불안정의 붕괴에 의해 발생할 가능성이 높다. 금융불안정을 방지하기 위한 연준의 과감한 보험성 금리인하는 과열과 인플레이션을 재발시킬 위험이 높다.

THE GREAT SHIFT, 팬데믹 이후의 경제 대전환

고금리·고물가·고성장의 '넥스트 노멀' 시대

지난 40~50년을 이어 오던 세계경제 질서가 팬데믹을 거치며
큰 전환점을 지나고 있다. 저성장·저물가·저금리의
'뉴 노멀'은 이제 고성장·고물가·고금리의
'넥스트 노멀'로 전환되는 중이다.

'뉴 노멀(New Normal)'은 2008년 금융위기 이후 펼쳐진 새로운 세계경제의 질서를 뜻하는 말이다. 세계 최대의 채권운용회사 핌코(PIMCO)의 CEO 앨 에리언(Mohamed-El Erian)이 그의 저서 『새로운 부의 탄생』에서 이 용어를 처음 언급하면서 널리 알려졌다.

'뉴 노멀'은 그동안 세계경제를 움직여왔던 기존의 전통적인 경제 질서가 이제 더 이상 유효하지 않으며, 금융위기 이후 나타난 새로운 경제 현실, 즉 '저성장·저물가·저금리, 높은 실업률과 부채 증가, 금융시장의 변동성 증가' 등에 맞춘 전략이 필요하다는 점을 강조한 개념이다. 이후 '뉴 노멀'은 단순히 경제 현상을 넘어 사회 전반의

변화를 포괄하는 개념으로 발전했다.

팬데믹에서 벗어나면서 세계경제와 금융시장은 물론, 사회 전반에 이전과 다른 새로운 구조적인 변화들이 관찰되고 있다. 수십 년간 검증되어온 경제 이론과 금융시장의 논리가 번번이 빗나가고 있고, 팬데믹은 이러한 변화를 더욱 가속화시켰다.

1980년대 이후 40여 년 넘게 이어져오던 세계화와 자유무역 체제가 흔들리고, 미국과 중국의 패권경쟁과 탈세계화 기조 속에 보호무역주의가 득세하고 있지만 세계 경제는 견조하게 성장하는 중이다. 미국은 고율의 관세를 부과하며 보호무역주의에 앞장서고, 중국은 "미국이 세계무역기구(WTO)의 자유무역 규칙을 위반하고 있다"며 반발한다.

신흥국이 아닌 선진국에서 대대적인 제조업 인프라 투자가 이뤄지고 있고, 선진시장의 주가 상승률이 신흥시장보다 훨씬 높다. 경제가 잠재성장률을 상회하는데도 정부는 여전히 대규모 국채 발행으로 빚을 내서 재정지출을 계속하고 있다. 인플레이션이 걱정이라며 공격적으로 기준금리를 인상하던 중앙은행은 물가안정 목표 한참 위에서 기준금리를 인하하기 시작했다.

팬데믹 이전에는 경제는 별로인데 버블이 우려될 정도로 자산가격만 급등하더니, 팬데믹 이후에는 이전과 비교하면 과열에 가까운 경제인데도 은행 파산, 국채 발작 같은 금융불안정이 자주 발생해 투자자들을 곤혹스럽게 하고 있다. 상상을 초월한 규모의 부채가 경제 전반에 쌓이고 장단기 금리 차 역전이 역사상 가장 오랜 기간 지속되는 등 경기 침체에 대한 걱정은 만성화되고 있지만 정작 주가는 걱정의 벽을 타고 상승하는 중이다. 주가 상승 랠리에서 소외되어 수익 기회를 놓칠까 봐 두려워서 주식을 사는 'FOMO(Fear Of Missing Out)' 매수가 주가를 끌어올리고 있다.

THE GREAT SHIFT, 구조적 대전환

지난 40년 이상 이어 오던 세계경제 질서가 팬데믹을 거치며 대전환점을 지나고 있다. 무엇이 어떻게 변하고 있고, 무엇을 준비해야 할까? '뉴 노멀(New Normal)'로 불렸던 저성장·저물가·저금리 시대는 이제 고성장·고물가·고금리로 특징되는 '넥스트 노멀(Next Normal)'로 전환되는 중이다. 팬데믹 이후 새로운 세계경제 질서를 '넥스트 노멀(Next Normal)'이라고 정의하고, 교과서를 다시 써야 할 정도로 진행되고 있는 구조적인 변화들은 다음과 같다.

• **고금리**: 연준(Fed)은 기준금리 인하를 시작했지만 장기금리의 추세적 상승 위험이 쌓여가고 있다. 1980년대 이후 장기금리가 추세적으로 하락한 배경은 자금수요보다 과잉저축에 의한 자금 공급이 많았기 때문이다. 지금은 만약 경기가 나빠지고 민간의 자금수요가 줄어도 정부가 빌려야 하는 돈의 규모가 이를 압도

한다. 향후 10년 동안 미국 재정적자의 60%는 이자를 갚기 위해 사용된다. 부채가 역대급으로 증가한 정부는 더 빌려야 하는데, 빌려줄 곳이 마땅치 않다. 최악의 경우 경기가 나빠져도 금리가 상승할 수 있다.

- 추세적으로 하락하던 중립금리(균형금리)가 팬데믹을 전후로 상승 반전된 것으로 추정된다. 탈세계화와 에너지 전환에 따른 투자 증가, 기술혁신, 국채발행에 따른 정부의 자금조달 비용 상승 등이 중립금리를 끌어올리고 있다.

- **고물가**: 구조적인 인플레이션 상승 압력들도 쌓이는 중이다. 인구구조 변화와 고령화는 소비보다 저축을 늘려 저물가 시대를 이끌었지만 베이비붐 세대의 은퇴와 신흥국의 생산가능인구 감소가 맞물리면서 이제는 오히려 구조적인 인플레이션 상승 압력으로 전환되는 중이다. 생산과 저축보다 소비와 투자가 증가하면서 추세적인 인플레이션 상승 압력을 높일 것이다.

- **고성장**: 탈세계화와 보호무역주의, 미중 패권전쟁에도 불구하고 경제는 더 성장할 것이다. 탈세계화(블록화)는 경제의 성장동력이 '노동과 자본'에서 '기술 혁신'으로 이동하는 것을 의미하기 때문이다. 기술의 시대가 시작되었다. 기술 혁신은 시차를 두고 생산성 혁명으로 이어지고 에너지 혁명과 결합되며 높은 수준의 경제 성장을 이끌 것이다. 기술적 특이점에 도달한 생성형 인공지능(AI)의 활용 비용이 낮아지면서, 가격 인하를 통한 대중화는 생산성 향상의 중요한 변곡점이 될 것이다.

대전환1: 장기금리의 추세적 상승 위험

앞서도 언급했듯이, 연준은 기준금리 인하를 시작했지만 장기금리의 추세적 상승 위험이 쌓여가고 있다. 민간을 압도하는 정부의 자금수요가 장기적으로 국채금리에 강한 상승 압력을 가하고 있기 때문이다. 2008년 금융위기와 2020년 팬데믹을 거치면서 주요국 정부부채가 큰 폭으로 증가했다. 2007년 35.2%에 불과하던 미국의 GDP 대비 연방정부 부채비율은 2024년 99%에서 2034년 122%로 증가할 전망이다. 2차 세계대전 당시 106%를 훌쩍 넘어선다.

부채가 크게 늘었음에도 불구하고 2021년까지 GDP 대비 이자부담은 오히려 감소했다. 금리가 추세적으로 하락했기 때문이다. 그러나 팬데믹과 전쟁으로 급격한 인플레이션이 발생했고, 이를 잡기 위해 연준(Fed)은 가파른 속도로 기준금리를 인상했다. 그 결과 전 세계적으로 국채금리가 급등했다. 큰 폭으로 늘어난 국가부채는 막대한 이자 부담으로 돌아오고 있다. 2024년 9월 미국 10년 국채금리가 4.0%를 하회했지만 연준의 기준금리 인상 이전 10년(2012~2021년) 평균인 2.3%와 비교하면 여전히 높은 수준이다.

2024년 미국의 재정적자는 2.0조 달러로 GDP의 7.0%에 달할 전망이다. 이자를 갚기 위한 순이자 지출은 8,920억 달러로 국방 재량 지출을 넘어섰고, 2034년에는 두 배 이상 증가할 것으로 예상된다. 이자를 갚기 위한 순이자 지출은 2023년 GDP 대비 2.4%에서 2034년에는 GDP 대비 4.1%로 증가한다. 향후 10년 동안 재정적자의 무려 60%가 이자를 갚기 위해 사용된다. 저금리에 발행되었던 국채가 만기 후에 고금리로 차환 발행되면서 이자부담이 기하급수적으로 증가하고 있기 때문이다. 재정적자 중에서 순이자 지출을 제외한 기초수지 적자(primary deficit)도 인구 고령화와 의료비 등 사회보장 지출이 대폭 증가하면서 쉽게 줄어들기 어려운 구조다.

미 국채에 가장 많이 투자하는 주체는 외국인과 연준이다. 2023년 말 기준 외국인과 연준은 미 국채의 48%를 보유중이다. 그러나 외국인의 수요가 정체되는 가운데 연준은 보유채권 규모를 줄여나가는 양적긴축(QT)을 진행중이다.

미국도 우리나라처럼 2022년 이후 개인들의 채권투자가 폭발적으로 늘어나면서 채권시장을 떠받치고 있다. 금리 민감도가 상대적으로 높은 개인투자자들은 연준의 금리인하가 시작되고 장기금리가 더 하락하면 차익 실현에 나설 가능성이 높다.

1980년대 이후 장기금리가 추세적으로 하락했던 배경은 전 세계적으로 생산가능인구(15~64세)가 증가하면서 소비와 투자 등 '자금수요'보다 과잉 저축에 의한 '자금 공급'이 많았기 때문이다. 2009년부터는 연준이 양적완화(QE)를 통해 장기채권을 대규모로 사들이기 시작했다. 채권을 발행해 돈을 빌리려는 사람들보다 채권을 사거나 저축하려는 사람들이 항상 많았다. 장기금리는 경기가 좋을 때 조금 상승하고 경기가 나빠지면 많이 하락하면서 추세적으로 하락했다.

경기가 나쁘면 자금수요가 줄어들기 때문에 장기금리는 더 많이 하락한다. 그러나 지금은 민간의 자금수요가 줄어도 정부가 빌려야 하는 돈의 규모가 이를 압도한다. 지금 미국 정부가 하고자 하는 것은 해외 공급망의 의존도를 낮추기 위해 해외 이전 생산시설을 다시 자국으로 돌아오게 하는 리쇼어링(reshoring), 에너지 전환 및 기술 혁신에 따른 공장 설비 등 과거에 비해 엄청난 돈이 필요한 대규모 투자다. 미국의 '재산업화(reindustrialization)'라고 부를 정도다.

부채가 역대급으로 증가한 정부는 더 빌려야 하는데, 빌려줄 곳이 마땅치 않다. 중앙은행은 채권의 보유량을 줄이고 있고, 외국인의 미 국채 수요는 정체되고 있다. 노후를 위해 저축하던 사람들은 은퇴하면서 그동안 쌓아두었던 저축을 소비하기 시작했다.

지난 40~50년 동안과 반대로, 장기금리가 경기가 좋을 때 많이 상승하고 경기가 나빠지면 조금 하락하면서 추세적으로 상승할 위험이 쌓여가고 있다. 최악의 경우 경기가 나빠져도 금리가 상승할 수 있는데, 경제가 나빠지면 경기부양을 위해 오히려 국채를 더 발행해야 하기 때문이다.

장기금리를 구성하는 요인인 '기간 프리미엄(term premium)'은 장기채권을 보유하는 동안 발생할 위험에 대한 보상이다. 장기채권의 만성적인 수요 우위 때문에 추세적으로 하락하며 2016년 이후 마이너스 값으로 떨어졌던 기간 프리미엄이 정상화되고 있다. 지난 40년 동안의 장기 하락추세에서 벗어나 반전되는 흐름이다. 팬데믹 이후 국채 발행이 급격히 늘면서, 그동안 수요 우위였던 장기채 수급에 변화가 나타났기 때문이다. 2022년 6월, 연준은 보유채권을 줄이는 양적긴축(QT)을 시작했다. 기간 프리미엄의 정상화는 장기금리 수준을 높여 채권가격에 영향을 주는 것은 물론이고 미래의 현금흐름을 이자율로 할인해 평가하는 주식과 부동산 등 대부분의 자산에도 상당한 영향을 끼칠 것이다.

대전환2: 구조적인 인플레이션 상승 압력

인플레이션 측면에서도 구조적인 상승 압력들이 쌓여가고 있다. 첫째, 탈세계화와 글로벌 공급망 재편에 따른 대규모 투자가 인플레이션을 한 단계 끌어올리고 있다. 미국과 중국의 공급망이 블록화되고 호환성이 낮아지면서 기존 공급망의 효율은 낮아지고 비용이 높아졌다. 미국은 자국 내 투자를 늘리기 위한 지원 정책을 펼치고 있다. 가장 효율적으로 구축되었던 기존의 공급망이 재편되는 과정에서, 가까이 있지만 더 비싼 노동력, 더 비싼 원자재와 중간재가 투입되었다. 비효율과 비용을 상승시키는 요인들이다.

둘째, 팬데믹을 거치면서 임금상승과 복지확대가 광범위하게 진행되었다. 팬데믹에서 벗어났지만, 이를 되돌리는 것은 정치적으로 매우 어려운 일이다. 몇 차례의 위기를 극복하면서, 경기침체에도 국민들이 최소한의 수요 하단을 유지할 수 있는 기반이 마련되었다. 대공황 이후 자본주의는 점차 디플레이션과 경기 침체에 강하고 인플레이션에는 취약한 체질로 변해왔다. 주기적으로 나타났던 극심한 디플레이션도 사라졌으며, 장기 인플레이션 사이클은 이전보다 높이도 한 단계 더 높아지고 길이도 길어졌다.

셋째, 고령화에 따른 부양비율(The dependency ratio) 상승과 신흥국의 생산가능인구 감소도 추세적인 인플레이션 상승 압력을 높이고 있다. 베이비붐 세대가 은퇴하기 시작하면서 생산가능인구(15~64세)가 노년층이나 유소년층을 부양해야 하는 부담인 '부양비율'이 추세적으로 상승하기 시작했기 때문이다. 부양비율이 상승하면 저축이 줄고 소비가 늘어난다. 특히 치매 등 간병에 의존하는 고령자가 늘어나는 것은 상당한 부담이다. 노후를 위해 저축하던 사람들은 은퇴하면서 저축을 소비한다.

인구구조 변화에 따른 고령화와 생산가능인구 감소는 성장잠재력과 인플레이션을 낮춰 금리를 하락시키는 요인이자 뉴 노멀 시대의 저성장·저물가·저금리를 이끄는 핵심 배경 중 하나였다. 선진국은 생산가능인구 감소에 따른 물가 상승 압력이 존재했으나, 신흥국의 풍부한 저임금 노동력이 유입되면서 나타나는 물가 하락 압력이 이를 압도했고 전 세계적으로는 저물가가 유지될 수 있었다. 그러나 저임금 노동력의 상징이던 중국도 2010년부터 생산가능인구가 감소하기 시작했다.

생산가능인구가 감소하면 생산보다 소비는 더 증가한다. 기업들은 생산성을 높이기 위해 자본에 대한 투자를 지속적으로 늘린다. 결국, 생산과 저축보다 소비와 투자가 증가하면서 인플레이션 상승 압력은 추세적으로 높아질 것으로 예상된다.

대전환3: 기술 혁신이 이끄는 생산성 향상과 에너지 혁명

탈세계화와 보호무역주의, 미중 패권전쟁에도 불구하고 경제는 더 성장할 것이다. '탈세계화'는 경제의 성장동력이 '노동과 자본'에서 '기술 혁신'으로 이동하는 것을 의미하기 때문이다.

2차 세계대전과 냉전을 거쳤던 1920~1970년은 탈세계화(블록화) 시대였지만 경제 성장률과 주가 상승률은 세계화 시대보다 더 높았다. 세계화 시대에는 노동과 자본이 경제 성장을 이끌었다. 값싼 노동력과 해외 공장, 자유로운 무역은 세계화 시대의 효율성을 상징했다.

그러나 자유무역의 한계비용이 높아지고 세계화의 수혜를 입은 후발 경쟁국인 중국이 급성장하면서 패권국인 미국은 장벽을 높이고 자체적인 기술 혁신에 집중하기 시작했다. 세계화 시대였던 1972년 이후 달에 가지 않았던 인류가 50여 년 만에 다시 달 착륙을 시도하고 있다. 기술 패권을 유지하기 위한 혁신과 표준화 경쟁으로 경제와 공급망은 블록화되지만 그 과정에서 '위대한 기술의 시대'가 시작된다. 그리고 기술 혁신에 따른 생산성 향상은 탈세계화 시대의 경제 성장을 이끈다.

1·2차 산업혁명이 생산성 혁신을 바탕으로 '산업혁명'으로 정의될 수 있었던 것은, '범용기술(증기력, 전기)'이 발명된 이후 약 50년 이상의 '축적의 시간'을 거쳐 '하위 발명(증기기관, 전력)'과 연결되며 상용화되었기 때문이다. 개인용 컴퓨터와 인터넷이 발명된 지 50여 년이

지났다. 컴퓨터와 인터넷(범용기술)은 스마트폰과 자율주행, 인공지능(AI) 등의 하위 발명과 만나 '생산성 혁명'으로 진화할 채비를 갖추고 있다. 다가올 미래는 4차 산업혁명이 아니라 '3차 산업혁명'이 생산성 혁신을 통해 재조명되는 시간이 될 것으로 판단한다.

기술 혁명은 반드시 에너지 혁명을 동반한다. 산업혁명 시기는 에너지원이 교체되는 에너지 혁명과도 일치한다. 1차 산업혁명 당시의 석탄, 2차 산업혁명 당시의 석유와 가스는 모두 각 에너지원의 보급률 비중이 약 5%에 도달한 후에 급격하게 보급이 확대되었다. 현재는 클린에너지가 임계점에 도달한 것으로 추정되고 있다.

젠슨 황(Jensen Huang) 엔비디아 CEO는 "인공지능(AI)의 아이폰 모먼트(iPhone moment)가 시작되었다"고 선언했다. 2007년 아이폰 출시 이후 아이폰 생태계를 기반으로 비즈니스의 기회가 폭발한 것과 마찬가지의 흐름이 생성형 AI를 통해 다시 시작된다는 의미심장한 발언이다.

기술적 특이점에 도달한 AI의 활용 비용이 낮아지면서 과거에는 엄두를 내지 못했던 일들이 가능해지고 있다. AI 확산 속도에 따라 가파른 생산성 향상이 예상된다. 인공지능(AI)에 필요한 막대한 전력을 공급하기 위해서도 에너지 혁명은 필수적이다. 이는 구조적인 변화일 가능성이 높다. 생산성이 향상되면 경제 성장도 강해지면서 중립금리도 높아진다.

대전환4: 중립금리의 상승에 따른 과열과 금융불안정

연준의 전례 없이 공격적인 통화긴축에도 불구하고 미국경제는 여전히 견조하다. 2024년 하반기 이후 고용과 소비가 빠른 속도로 위축되는 조짐을 보이고 있지만 경기 침체를 전망하는 기관은 아직 없다. 전망 기관들은 향후 미국경제가 완만하게 둔화되고 인플레이션은 안정될 것으로 예상하고 있지만 2025년까지 경제성장률 전망은 여전히 잠재성장률인 1.8% 위에 있고, 물가 전망은 2.0%의 물가안정 목표 위에 있다.

1980년대 이후 대부분의 국가에서 추세적으로 하락하던 중립금리(균형금리)는 팬데믹을 전후로 상승 반전된 것으로 추정된다. '중립금리'는 경제를 뜨겁게도, 차갑게도 하지 않는 적절한 균형금리 수준을 말한다. 만약 현재 기준금리가 중립금리보다 충분히 높다면 경제는 위축되는 것이 자연스럽다. 그러나 만약 중립금리 자체가 한 단계 더 높아졌다면 현재의 기준금리는 충분히 긴축적이지 않거나 긴축효과를 내기 위해서 시간이 오래 걸릴 수 있다. 탈세계화와 에너지 전환에 따른 대대적인 투자 증가, 기술 혁신에 따른 생산성 향상, 그리고 재정적자 급증에 따른 정부의 자금조달 비용 상승 등이 팬데믹 이후 중립금리를 한 단계 끌어올리고 있는 것으로 추정된다.

2022년 말, 뉴욕 연준은 '2가지 중립금리(균형금리)'라는 흥미로운 시각을 제시했다. 실물 거시경제의 균형을 달성하는 '자연이자율(r^*)과 금융안정을 달성하는 '금융안정이자율(r^{**})'이 따로 존재한다는 것이다. '실물경제의 균형금리(r^*)'와 '금융경제의 균형금리(r^{**})' 개념인 셈이다. 중앙은행들은 전통적으로 실물경제의 균형금리(r^*)에 초점을 맞춰 통화정책을 펼치기 때문에 혼란스러운 결과가 나타난다.

2008년 금융위기 이후는 실물경제의 균형금리(r^*)가 금융경제의 균형금리(r^{**})보다 현저히 낮았던 것으로 추정된다(기준금리 < r^* < r^{**}). 중앙은행은 실물경제를 부양하기 위해 양적완화와 초저금리 정책을 펼쳤고, 금융시장에서는 거품이 만들어졌다. 경제는 침체에 빠지지 않았지만 불안정했고, 주식과 채권 등 금융자산 가격은 추세적으로 상승했다.

반면 팬데믹 이후에는 실물경제의 균형금리(r^*)가 금융경제의 균형금리(r^{**})보다 현저히 높아진 것으로 추정된다(r^{**} < 기준금리 < r^*). 트럼프 대통령 당선 이후 대규모 재정확대 정책으로 r^*가 대폭 상승했기 때문이다. 만약 중앙은행이 실물경제에 초점을 맞춰 통화긴축을 펼칠 경우 금융시장은 이를 견디지 못하고 파열음을 내기 시작한다. 경제는 견조하지만 금융시장에서는 주기적으로 변동성이 확대되고 금융불안정이 발생한다. 2022년 영국의 국채 발작, 2023년 미국의 지역은행 연쇄 부도 등이 대표적인 사례다. 결국 경기 침체는 통화긴축의 결과가 아니라 금융불안정의 붕괴에 의해 발생할 가능성이 높다.

금융불안정을 방지하기 위한 연준의 보험성 기준금리 인하는 적절하다. 이론적으로는 금리인하와 함께 재정긴축이 병행되어야 하겠지만 2024년 11월 치러지는 미국 대선을 앞두고 양당은 모두 기존의 감세 정책을 연장하겠다는 공약을 내건 상태다. 공화당의 트럼프 후보는 추가 감세까지 공언하고 있다. 누가 미국 대통령으로 당선되더라도 예산 규모를 줄이는 재정긴축은 현실적으로 어려워 보인다.

2024년 9월 연준의 기준금리 인하 이후 금리파생상품 시장에는 2025년 말 약 2.75~3.00%까지 기준금리를 인하할 것이라는 전망이 반영되어 있다. 높아진 중립금리를 감안할 때 연준의 과감한 기준금리 인하는 이제 막 진정되기 시작한 실물경제와 인플레이션을 다시 자극할 가능성이 있다. 기준금리 인하 속도와 강도가 강할수록 장단기 금리 차는 확대될 것이다. 금리 하락에 따른 자본차익 목적의 장기채권 투자자라면 기준금리 인하 기대가 마무리된다는 인식이 확산되기 전에, 또는 현재 채권시장에 반영되어 있는 기준금리 인하폭 이상으로 실제 인하가 어렵다고 판단될 때 차익실현에 나서는 것이 안전할 것이다.

성장주의 주도권 교체를 활용한 투자전략

팬데믹을 거치면서 성장주의 주도권이 교체되고 있다. 금융위기 이후 뉴 노멀 시대의 성장주가 아마존과 온라인 플랫폼으로 상징되는 'FANG'이었다면, 팬데믹 이후 넥스트 노멀 시대의 성장주는 엔비디아와 인공지능(AI)으로 상징되는 'Magnificent 7'이다.

이들은 모두 대형 기술주라는 공통점이 있지만 동일한 기업이라도 두 시기의 성장 방식은 상당히 다르다. FANG 기업들은 경제 전반의 파이를 키우기보다 다른 산업과 기업의 이익을 빼앗아 잠식하면서 성장했다. 그러나 Magnificent 7 기업들은 AI 혁신과 기술 공급을 통해 새로운 산업 수요를 창출하고 협업하면서 생태계를 만들고 경제 전반을 성장시킨다. 온라인 플랫폼과 무형자산을 중심으로 성장했던 FANG 기업들과 달리, Magnificent 7이 주도하는 성장주 강세는 투자와 고용 측면에서도 긍정적인 효과가 있다.

AI와 빅데이터를 가진 혁신 테크기업들의 미래는 낙관적이다. 이들 기업을 이길 수 없다면 주식 보유를 통해 주주로 참여해야 한다. 성장주의 이익 전망이 월등히 강한 덕분에 밸류에이션 멀티플(P/E) 부담도 크지 않다. 고평가 논란은 장기적으로 매수의 기회다.

한창 '기술의 시대'가 펼쳐지고 있는 지금은 엔비디아를 포함한 Magnificent 7과 같은 소수 대형 기술주에 집중 투자하는 전략이 유효하다. 현재 시가총액 상위 기술 성장주들은 대부분 컴퓨터 하드웨어, 클라우드 플랫폼, AI 기초 모델 개발 등에 독점력을 지닌 AI 플랫폼(인프라) 기업들이다. 그러나 기술의 시대가 장기적으로 진행되는 동안 기술 성장주의 주도권은 초기 'AI 플랫폼' 기업에서 점차 'AI 플랫폼을 이용'해서 성장하는 기업으로 바뀔 것이다. 지금은 생성형 AI 개발과 플랫폼 선점을 위한 경쟁이 치열하지만 생성형 AI가 탑재된 사용자 기기(Edge devices)들이 충분히 보급된 후에는 최종 소비자들에게 AI를 활용한 응용프로그램(application)이나 서비스를 제공하는 기업들이 다음 성장을 주도할 것이다. AI 산업의 성장은 이제 막 초기 단계의 중반부를 지나고 있을 뿐이다.

이 단계에서는 어떤 기업이 승자가 될지 예측하기는 매우 어렵다. 신성장 기업들은 대부분 상대적으로 규모가 작기 때문에 위험도 크다. 이럴 때는 펀드나 ETF 등을 통해 해당 산업 전체를 사야 한다. 구조적 성장산업으로는 'BIG(Bio, Informatin, Green Tech)'에 집중하되, 펀드나 ETF 등을 통해 해당 산업 전체를 일부 담아 소수 대형기술주에 집중되어 있는 포트폴리오의 집중도를 완화해야 한다. 이후 두각을 나타내기 시작하는 기업들을 직접 포트폴리오에 조금씩 매수해가는 전략이 바람직하다.

자산배분전략의 두 축, 미국주식과 원화채권

자산배분 포트폴리오의 두 축은 성장성을 대표하는 달러자산인 미국주식과, 안정성을 대표하는 원화채권으로 구축해야 한다. 환율의 변동성 위험까지 고려해야 하는 국내 투자자의 자산배분전략에서 안전자산은 달러채권이 아닌 원화채권이다. 증시 변동성이 크고 금리가 높은 시기에는 월급처럼 안정적인 현금흐름이 발생하는 인컴 자산에 투자하는 것이 중요하다. 채권과 배당주를 활용한 인컴투자와, 변동성이 확대될 때마다 합리적인 가격에 주식을 매수하는 전략을 병행할 필요가 있다.

신흥시장도 다시 정의되어야 한다. '신흥시장'이 '떠오르는 시장 (Emerging Market)'이었던 이유는 생산가능인구가 증가하고, 산업화와 도시화가 진행중이며, 자원이 풍부하고 임금이 낮아 향후 가파른 경제성장이 기대되었기 때문이다. 브릭스(BRICs: 브라질, 러시아, 인도, 중국, 남아공)가 대표 국가들이었다. 그러나 현재 이 조건에 부합하는 신흥국은 별로 없다. 탈세계화 이후 제조업 생산 기지로서의 입지도 대폭 약화되었고, 산업화와 인프라 투자도 미국에 주도권을 빼앗겼다. 원자재 생산국의 지위도 ESG 이후 불투명해졌다.

신흥시장 투자는 신흥시장 지수보다 '신흥시장' 개념에 더 부합하는 자산을 선별하여 투자해야 한다. 중국의 대체 공급망으로서 인도와 베트남 등 알타시아(Altasia), 그리고 중국 투자는 정부가 육성하는 AI나 통신장비 등 일부 산업으로 범위를 좁혀야 한다.

정부의 자금수요 급증, 불안한 국채시장

향후 10년 동안 미국 재정적자의 60%가 이자를 갚기 위해 사용된다.
부채가 역대급으로 증가한 정부는 돈을 더 빌려야 하는데, 빌려줄 곳이 마땅치 않다.
장기금리가 추세적으로 상승할 위험이 쌓여가고 있다.
최악의 경우 경기가 나빠져도 금리가 상승할 수 있다.

2008년 금융위기 이후 팬데믹을 지나 2021년까지 미국의 정부부채가 대폭 증가했음에도 불구하고 GDP 대비 이자부담은 오히려 감소했다. 국채금리가 추세적으로 하락하며 이자비용을 낮춰줬기 때문이다. 미 국채 10년 금리는 2012~2021년 10년 동안 평균 2.01%로 낮게 유지되었고, 2020년 8월에는 역사상 가장 낮은 0.51%까지 하락했다.

팬데믹이 한창이던 2020년 10월, IMF(국제통화기금) 연차총회에서는 "낮은 조달금리가 유지되고 있기 때문에 차입이 가능한 선진국들은 2020년대 중반까지 세금 인상, 지출 삭감이 없이도 국가부채를 안정화할 수 있을 것이다. 높은 국가부채 수준은 현재 가장 시급한 위험이 아니다. 부채를 더 적극적으로 활용해야 한다"는 의견이 제시되기도 했다. 금리가 낮으니 걱정 말고 빚을 더 내라는 얘기다.

하지만 이는 오판이었다. 팬데믹과 함께 러시아-우크라이나 전쟁과 이스라엘-팔레스타인 전쟁이 발발하면서 전 세계적으로 급격한 인플레이션이 발생했고, 이를 잡기 위해 연준은 가파른 속도로 기준 금리를 인상했다. 그럼에도 불구하고 미국경제는 견조했고 인플레이션은 쉽게 진정되지 않아 연준의 통화긴축은 더욱 강화되었다. 그 영향으로 전 세계적으로 국채금리가 급등했다. 이미 큰 폭으로 늘어난 국가부채는 막대한 이자부담으로 돌아오고 있다.

금융안정을 위협하는 고금리 장기화의 부정적 영향들

미국 의회예산국(CBO)의 2024년 6월 수정 전망에 따르면, 2024년 미국의 재정적자는 2.0조 달러로 GDP의 7.0%에 달할 전망이다. 이는 4개월 전 5.6%에서 대폭 확대된 수치다. 10년 뒤인 2034년의 재정적자는 GDP의 6.9%로 전망했다. 눈에 띄는 것은 이자를 갚기 위한 지출, 즉 '순이자 지출'이다.

2024년 순이자 지출은 8,920억 달러로 국방 재량지출을 넘어섰고, 2034년에는 1조 7천억 달러로 거의 2배 이상 증가할 것으로 예상된다. 2023년에 GDP 대비 2.4%에 불과하던 순이자 지출이 2034

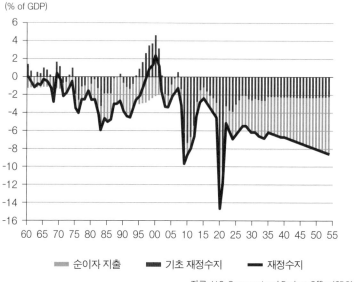

미국 재정적자, 이자 비용 확대로 추세적인 증가 전망

(% of GDP)

범례: ▬ 순이자 지출　▮ 기초 재정수지　▬ 재정수지

자료: U.S. Congressional Budget Office(CBO)

년에는 GDP의 4.1%로 증가한다. 2034년까지 향후 10년 동안 재정 적자의 무려 60%가 이자를 갚기 위해 사용된다. 저금리에 발행되었 던 장기국채가 만기도래와 함께 고금리로 차환 발행되면서 이자부 담이 기하급수적으로 증가하고 있기 때문이다. 이자 비용을 지불하 기 위해 차입을 늘리면(국채를 발행하면) 채무와 이자 비용이 더 증가하 는 악순환이다.

연방정부의 부채 규모를 줄이는 것은 당분간 어려워 보인다. 재정 적자 중에서 순이자 지출을 제외한 기초수지 적자(Primary deficit) 역시 인구 고령화와 의료비 등 사회보장 지출이 대폭 증가하면서 쉽게 줄

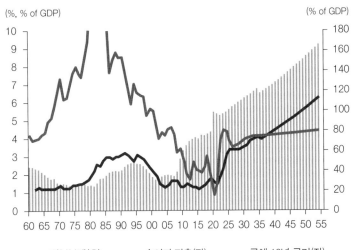

미국 정부부채 규모, 금리 상승으로 이자부담 급증

(%, % of GDP)

(% of GDP)

■■■ 정부부채(우)　━━ 순이자 지출(좌)　━━ 국채 10년 금리(좌)

주: 미 의회예산국은 2025~2034년 국채 10년 금리가 3.6~4.1%에서 유지되는 것을 전제로 추정

자료: U.S. Congressional Budget Office(CBO)

어들기 어렵기 때문이다. 미 의회예산국에 따르면, GDP 대비 연방정부 부채비율은 2024년 99%에서 2034년 122%로 증가할 전망이다. 전쟁중이었던 2차 세계대전 당시의 106%를 훌쩍 넘어선다. GDP 대비 연방정부 부채비율은 2054년까지 166%로 더욱 증가할 전망인데, 이 경우 이자를 갚기 위한 순이자 지출은 전체 재정적자의 75%까지 증가하고, GDP 대비로는 6.3%에 달할 것으로 추정된다.

최근 미국에서는 저소득층의 신용카드 대출과 이자 부담이 급증하면서 연체율이 급격히 상승하고 있다. 또한 대출 만기로 차환을 앞둔 대기업들이 고금리 부담을 이기지 못하고 파산을 신청하는 건

수가 예년에 비해 증가하고 있는 것으로 나타났다.

우리나라도 예외는 아니다. 국내에서도 저금리였던 팬데믹 기간에 과감한 차입을 통해 몸집을 키웠던 일부 대기업들이 이자부담 급증으로 신용등급이 하락하고, 고강도 구조조정을 단행하는 등 후유증을 앓고 있다. 고금리 장기화의 부정적 영향들이 가계·기업·정부 측면에서 모두 금융안정을 위협하기 시작했다.

공급 측면에서 국채 발행이 기하급수적으로 증가할 수밖에 없는 구조라면, 결국 수요가 그에 맞춰 증가할 수 있을 것인지를 살펴봐야 한다. 미 국채에 가장 많이 투자하는 주체는 외국인과 연준이다. 2023년 말 기준 외국인과 연준은 미 국채의 48%를 보유중이다. 그러나 수요 측면에서도 외국인의 미 국채 수요가 정체되는 가운데, 연준은 보유채권 규모를 줄여나가는 양적긴축(QT)을 진행중이다.

유통가능국채(Marketable Debts)를 기준으로 미 국채 발행잔액은 2023년 말 26.4조 달러로, 팬데믹 이후 4년 만에 57.7%나 급증했다. 외국인의 미 국채 보유금액은 2023년 말 기준 7.9조 달러로 꾸준히 증가하고 있지만 발행잔액 증가 속도에 미치지 못하면서 미 국채의 외국인 보유 비중은 팬데믹 직전 41%에서 2023년 말 30%까지 감소했다. 연준의 보유 비중은 2021년 말 25%를 정점으로 양적긴축(QT) 이후 점차 낮아져 2023년 말에는 18%까지 감소했다.

팬데믹 이후 비중이 감소한 외국인의 빈 자리를 채운 것은 연준과 기타투자자(개인, 법인 등)였다. 2020년부터 2023년 말까지 미 국채발행 잔액은 9.7조 달러나 증가했으나, 그중 연준과 기타투자자에 의

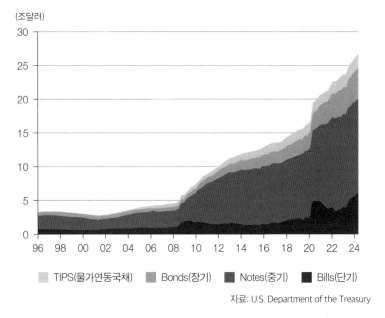

미 국채 발행 잔액, 팬데믹 이후 58% 급증

(조달러)

자료: U.S. Department of the Treasury

해 각각 2.5조 달러와 3.3조 달러가 소화되었다.

우리나라처럼 미국도 2022년 하반기 이후 개인들의 채권투자
가 폭발적으로 늘어나면서 채권시장을 떠받치고 있다. 개인들이 포
함된 '기타투자자'의 미 국채 보유 비중은 2020년 3월 말 8%에서
2023년 말에는 21%인 5.5조 달러까지 급증했다. 미 국채 투자에 있
어 개인투자자는 민간 부문에서 외국인(7.9조 달러, 30%)에 이어 두 번
째 큰 손으로 성장했다. 이는 뮤추얼펀드(3.7조 달러, 14%)와 은행(1.7조
달러, 6%)보다도 큰 규모다.

개인들의 채권시장 투자는 고금리 수요도 있겠지만 주로 기준금

외국인과 연준의 미 국채 보유 비중은 감소 추세

자료: U.S. Department of the Treasury

미 국채 보유 현황: 연준 보유 축소, 외국인 정체, 개인 급증

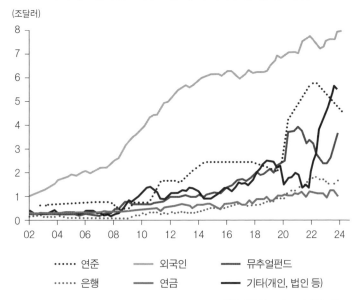

자료: U.S. Department of the Treasury

리 인하 및 장기금리 하락에 따른 자본차익 기대가 더 큰 배경으로 추정된다. 개인 투자자들의 수요는 포트폴리오 투자 중심의 기관투자자들에 비해 경제와 채권시장 전망에 따른 민감도와 변동성이 상대적으로 높다. 불확실성에 대한 보상을 상대적으로 더 많이 요구하기도 한다. 기준금리 인하가 시작되고 장기금리가 더 하락하면 단기간에 차익실현 매물로 등장할 위험이 있다. 이는 향후 금리 변동성을 키울 수 있는 요인이다.

역사상 한 번도 경험한 적 없는 일들이 일어나고 있다

1980년대 이후에 경제는 순환했지만 장기금리가 추세적으로 하락했던 이유는 투자와 소비 등 '자금수요'보다 과잉 저축에 의한 '자금 공급'이 많았기 때문이다. 채권을 발행하고 돈을 빌리려는 사람들보다 채권을 사거나 저축하려는 사람들이 항상 많았다. 그 영향으로 장기금리는 경기가 좋을 때 조금 상승하고 경기가 나빠지면 많이 하락하면서 추세적으로 하락했다.

과거에는 경기가 나쁘면 자금수요가 줄어들기 때문에 금리가 더 많이 하락했다. 그러나 지금은 민간의 자금수요가 줄어도 정부가 빌려야 하는 돈의 규모가 이를 압도한다. 장기금리가 경기가 좋을 때 많이 상승하고 경기가 나빠지면 조금 하락하면서 추세적으로 상승할 위험이 쌓여가고 있다. 최악의 경우 경기가 나빠져도 금리가 상

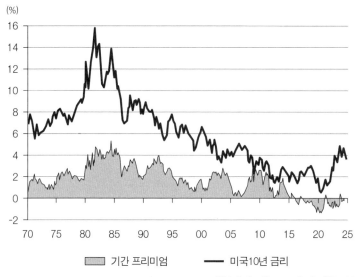

미 국채 10년 금리의 장기 추세 변화

(%)

기간 프리미엄 ▬▬ 미국10년 금리

자료: Federal Reserve Bank of New York

승할 수 있는데, 경제가 나빠지면 경기부양을 위해 오히려 국채를 더 발행해야 하기 때문이다.

지금 정부가 하고자 하는 것은 에너지 전환과 해외 공급망의 의존도를 낮추기 위한 재산업화(reindustrialization), 기술 혁신에 따른 공장 설비 등 과거에 비해 엄청난 돈이 필요한 투자다. 팬데믹을 거치면서 저소득층 지원과 양극화에 대한 비용도 더 지출해야 한다. 무엇보다 이자를 갚기 위한 비용이 향후 10년 동안 재정지출의 60%나 될 만큼 기하급수적으로 증가하고 있다.

부채가 역대급으로 증가한 정부는 더 빌려야 하는데, 빌려줄 곳이 마땅치 않다. 중앙은행은 채권의 보유량을 줄이는 양적긴축(QT)을 진행중이고, 외국인의 미 국채 수요는 정체되고 있다. 노후를 위해 저축하던 사람들은 은퇴하면서 그동안 쌓아두었던 저축을 소비하기 시작했다.

결국 정부 재정이 적자를 내고 있는데, 중앙은행이 국채를 사주지 않고 오히려 기준금리를 인상했던 지금 같은 구조는 역사상 한 번도 경험해본 적이 없던 일이다. 2024년 11월 치러질 미국 대선을 앞두고 민주당의 해리스 부통령과 공화당의 트럼프 전 대통령은 모두 기존의 감세 정책을 연장하겠다는 공약을 내건 상태다. 특히 공화당의 트럼프 후보는 감세를 연장하거나 영구화하는 것은 물론 추가적인 세금 감면도 제공할 것이라고 공언하고 있다. 경제가 나빠지면서 생기는 민간의 자금수요 감소를 정부의 자금수요 증가가 압도할 것이다. 경제가 나빠져도 금리가 상승한다면 장기국채와 주식은 같은 자산군인 셈이다. 즉 자산배분 효과가 없다.

장단기 금리 역전 현상을
둘러싼 3가지 관점

수익률곡선의 왜곡을 이끌었던 국채 10년 기간 프리미엄이
40년 동안의 하락추세에서 벗어나고 있다.
경험적으로 증시 고점은 장단기 금리 차가 역전되었을 때보다
역전이 해소되었을 때 나타났다.

최근 인공지능(AI)에 대한 주식시장의 쏠림 우려가 높은 가운데, 미래의 경기 침체 예측력이 뛰어난 것으로 알려진 미국 국채의 10년물과 3개월물의 금리 차가 2022년 10월 역전된 후 24개월이 지났다. 10년물과 2년물의 금리 차 역전은 2022년 7월 이후 26개월 만에 멈췄는데 이는 2차 오일쇼크 이후 폴 볼커 전 연준 의장이 극단적인 긴축정책을 펼쳤던 시기의 20개월을 넘어선 역대 최장 기록이다.

수익률곡선 역전 현상이 장기간 지속되고 있음에도 불구하고 향후 경기 침체에 대한 전망은 더 이상 찾아보기 어렵다. IMF는 2024

년 7월 수정 경제전망을 통해 미국경제가 2024년에는 2.6%, 2025년에는 1.9% 성장할 것으로 전망했다. 연초 전망보다 각각 0.5%p, 0.2%p 높은 것으로, 미국의 잠재성장률 1.8%를 모두 상회하는 수치다. "수익률곡선은 모든 것을 알고 있다"고 말할 정도로 신뢰도가 높았던 수익률곡선의 예측력은 이제 폐기된 것일까?

수익률곡선(Yield curve)은 역사적으로 시장을 예측하는 가장 뛰어난 수단 중 하나로 기능해왔다. 수익률곡선은 채권의 만기와 만기수익률(금리, Yield to Maturity)의 관계를 표현한 곡선이다. 채권의 만기가 길수록 금리 변동의 위험이 더 크기 때문에 투자자들은 장기채권의 투자 위험에 대한 보상(기간 프리미엄, term premium)을 요구한다. 그 결과 수익률곡선은 일반적으로 우상향하는 형태를 띤다.

수익률곡선의 형태에 주목하라

직관적으로 보면, 장기금리는 채권의 만기까지 발생할 것으로 예상되는 미래 단기금리들의 평균과 같다. 2년물과 같은 단기금리들은 중앙은행의 통화정책에 민감하게 반응하는 반면, 10년물 이상의 장기금리는 미래의 성장이나 기대인플레이션에 더 크게 좌우된다. 기준금리를 인하해도 장기금리가 상승하는 경우가 자주 있는데, 이러한 원리가 작용한 것이다.

투자자들이 주목하는 것은 수익률곡선의 형태다. 일반적으로 수익률곡선이 가팔라질수록 향후 경기는 개선될 것으로 예상하고, 반대로 수익률곡선이 평탄화될수록 향후 경기는 둔화될 것으로 예상한다.

수익률곡선의 형태를 해석하기 위해 다양한 조합의 단기금리와 장기금리를 비교할 수 있는데, 미국 국채시장에서 투자자들은 10년과 2년의 금리 차를, 학계에서는 10년과 3개월의 금리 차를 가장 관심있게 본다. 그중 특히 경기 침체의 예측력이 인정된 10년-3개월의 금리 차가 24개월째 역전 상태가 이어지고 있다는 사실은 꽤 부담스러운 부분이다. 역사적으로도 1960년대 이후 경기 침체 발생

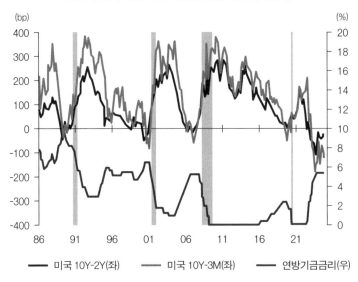

장단기 금리 역전 이후 어김없이 찾아온 경기침체

주: 음영은 경기침체기
자료: Bloomberg

1장

직전에 수익률곡선은 빠르게 평탄화되었다.

10년-3개월 금리가 역전된 이후에는 어김없이 경기 침체가 찾아왔다. 만기가 임박한 단기채권의 금리보다 장기금리가 이례적으로 낮은 이유는, 경기 침체로 기준금리가 곧 인하될 것으로 예상됨에 따라 장기금리가 침체를 반영하며 먼저 낮아졌기 때문이다. 수익률곡선 역전 후 경기 침체 발생까지의 시차는 10년-3개월물 기준으로 짧게는 4개월(1973년)에서 최대 16개월(2006년)이 걸렸다. 평균적으로 금리 차 역전 이후 약 10개월 뒤에 경기는 침체에 빠졌다.

장단기 금리 차 역전과 관련해 생각할 관점들

2008년 금융위기 이후 미국의 장단기 금리 차는 꾸준히 축소되었다. 10년-3개월 금리 차는 팬데믹 당시 역전되었고, 미국경제는 짧은 침체에 빠졌다가 회복했다. 그리고 2022년 10월 이후 역사상 가장 오랫동안 역전이 지속되고 있다. 장단기 금리 차 역전과 관련해 생각해봐야 할 관점은 크게 3가지다.

첫째, 일드커브의 역전은 연준 정책의 영향 때문이다. 장단기 금리 차 축소는 인플레이션에 대한 우려가 크게 완화되었음에도 불구하고 공격적인 금리인상 이후 지나치게 높은 수준의 기준금리를 오랫동안 유지하려는 연준의 정책 기조 결과에 따라 나타난 과잉긴축의 위험 신호라는 뜻이다.

경기가 호황국면에 접어들면 중앙은행은 경기가 지나친 과열에 빠지지 않게 하기 위해, 또는 인플레이션을 통제하기 위해 그동안 풀었던 유동성을 거둬들인다. 그 과정에서 기준금리를 인상하거나 연준의 보유채권 규모를 줄이는 양적긴축(QT)을 개시한다. "중앙은행이 긴축에 나서거나 곧 나설 것"이라는 예상만으로도 수익률곡선은 평탄화되고, 10년-2년 등 장단기 금리 차는 축소된다. 현재 경제는 호황이지만 지금의 유동성 흡수로 인해 미래의 성장과 인플레이션에 브레이크가 걸리면서 기대가 낮아지기 때문이다. 그러나 이러한 상황이 지속되면 "중앙은행이 과도한 금리인상과 긴축으로 경제를 침체에 빠뜨릴지도 모른다"는 우려가 생기면서 10년-2년 금리 차는 역전된다. 이는 앞으로 다가올 경기 침체 또는 둔화를 예고하는 전형적인 신호다.

연준의 후행적인 통화정책 결정도 과잉긴축 또는 과잉완화의 위험을 키운다. 현재 연준의 최대 관심사는 인플레이션인데, 연준은 인플레이션 데이터를 기준으로 통화정책을 결정한다. 그러나 물가는 대표적인 경기 후행지표다. OECD에서 발표하는 미국의 경기선행지수를 기준으로 보면, 2022년에는 경기가 나빠지는데 공격적으로 기준금리를 인상하는 등 긴축을 강화함으로써 경기를 더 위축시켰고, 2023년 하반기부터는 경기는 사이클상 바닥을 찍고 반등하는 과정에서 통화정책은 거꾸로 기준금리 인상을 멈추고 완화의 기대감을 높여가고 있다. 인플레이션은 쉽게 진정되기 어려울 뿐 아니라 중앙은행의 정책 후행성을 높여 경기의 진폭을 키우는 요인이기도 하다.

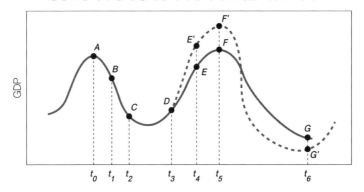

중앙은행의 후행적 통화정책이 경기의 진폭을 키우는 사례

자료: Jennifer P. Wissink

노벨 경제학상 수상자인 밀턴 프리드만(Milton Friedman)은 이를 '샤워실의 바보(The Fool in the Shower)'라고 표현했다. 샤워실에서는 냉수와 온수를 잘 조절해야 하는데, 중앙은행들이 급한 마음에 뜨거운 물을 확 틀었다가 너무 뜨거우면 반대로 돌려 찬물을 확 틀면서 냉탕과 온탕을 왔다갔다 하는 일을 반복하기 때문에 경기의 진폭을 불필요하게 더 키운다는 것이다.

둘째, 장단기 금리 차 역전의 경기 침체 예측력이 과거에 비해 상당히 약해진 이유는 연준의 양적완화(QE)가 인위적으로 장기금리를 낮추고 수익률곡선을 왜곡시켰기 때문이다. 장기금리는 미래의 단기금리 전망(expectation of the path of short term rates)과 기간 프리미엄(term premium)의 합으로 구성된다. 기간 프리미엄은 장기채권의 위험에 대한 인식 변화, 채권 수급 등에 영향을 받는다. 2009년 3월 이후 연준은 양적완화 정책을 통해 유동성을 공급하는 과정에서 미국의 장기채권을 대규모로 사들였다. 여기에 해외투자자의 미국 국채 수요, 고령화에 따른 연기금 및 보험의 장기채 수요가 집중되었다. 금융기관들은 일정 비율 이상의 국채를 반드시 보유해야 하는 규제 때문에 마이너스 금리의 채권이라도 사야 했다.

장기채 수요가 급증하면서 기간 프리미엄은 결국 마이너스 영역으로 떨어졌다. 기간 프리미엄이 마이너스라는 것은 수요 우위의 시장에서 장기채권을 사야 하는 투자자는 보유 기간에 따른 추가 보상을 요구하는 대신 웃돈을 얹어주고 장기채를 구해야 한다는 의미다. 2000년부터 양적완화가 시작된 2009년까지의 평균 기간 프리미엄은 1.44%였다. 그러나 2009년 3월 양적완화 시작 이후 평균 0.25%로 낮아졌으며, 추세적으로 마이너스 영역으로 떨어진 2016년 이후에는 평균 -0.50%, 최대 -1.69%까지 하락했다. 뉴욕 연준에 따르면, 양적완화(QE 1, 2, 3) 이후 미국 국채 10년 금리의 기간 프리미엄은 누적적으로 약 1.00%p 하락했다. 양적완화 이후 미 국채 10년 금리가 기간 프리미엄의 영향으로 적정 수준보다 그만큼 더 낮아졌다는 의미다.

장기금리를 구성하는 기간 프리미엄의 왜곡은 장단기 금리 차의 경기 예측력을 대폭 저하시켰다. 양적완화 이후 장기채 수요가 급증하면서 위험에 대한 보상인 기간 프리미엄이 대폭 하락했고, 그 영향으로 미국 국채 10년 금리가 적정 수준보다 크게 낮아지면서 장단기 금리 차의 역전이 빈번하게 발생하고 있다. 경기 침체를 반영하는 부분도 물론 일부 있었지만, 그보다는 수급에 의해 나타난 기술적인 현상이다.

실제로 2009년 6월 이후 미국경제는 팬데믹 직전까지 128개월째 역사상 가장 긴 확장국면을 이어가고 있었으며, 침체의 뚜렷한 징후를 찾아보기 어려웠다. 그럼에도 불구하고 미국의 장단기 금리 차가 역전되면 향후 1~2년 안에 예외 없이 경기 침체가 도래했다는 수십 년간의 경험과, 간헐적으로 발생하는 수익률곡선의 왜곡된 경기 침체 신호는 투자자들과 연준을 긴장시켰다. 왜곡된 침체 신호에 대응한 연준의 완화적 통화정책 기조는 금융환경을 대폭 이완시켰고, 오히려 주식시장의 추세적인 상승과 과열을 잉태하는 배경이 되었다.

미 국채 10년 금리 기간 프리미엄의 반전

자료: Federal Reserve Bank of New York

셋째, 수익률곡선을 왜곡시키며 추세적으로 낮아지던 기간 프리미엄에 변화가 관찰되고 있다. 2016년 이후 평균 -0.50%, 최대 -1.69%까지 낮아졌던 기간 프리미엄이 바닥을 찍고 정상화되는 중이다. 팬데믹 이후 국채 발행이 급증하면서 수요 우위였던 장기채권 수급에 변화가 나타나기 시작했기 때문이다. 2022년 6월, 연준은 보유채권을 줄이는 양적긴축(QT)을 시작했다. 그 결과 기간 프리미엄은 일시적으로 양(+)의 값을 보이기도 하는 등 마이너스 폭이 꾸준히 축소되고 있다.

2009년 양적완화 이후 평균 0.25%, 2016년 이후 -0.50%에 불과했던 기간 프리미엄이 정상화되고 있다. 장기적인 관점에서는 지난 40년 동안의 장기 하락추세에서 벗어나 반전되는 중요한 흐름이다. 장기채권의 만성적인 수요 우위가 반전되고 있는 것과 같은 맥락이다. 만약 현재 마이너스 값에 머물고 있는 기간 프리미엄이 정상화된다면, 이는 장기적으로 장기금리 수준을 높여 채권가격에 영향을 주는 것은 물론이고 미래의 현금흐름을 이자율로 할인해 평가하는 주식과 부동산 등 대부분의 자산에도 상당한 영향을 끼칠 수 있는 요인이다. 2000년부터 양적완화가 시작된 2009년까지의 평균 기간 프리미엄은 1.44%였다.

일드커브가 역전되었을 때보다 역전이 해소되었을 때 주가 고점이 나타났다는 점도 기억할 필요가 있다. 미 국채 10년과 3개월 금리의 차이는 여전히 1%p 이상 역전되어 있는 상태다. 그러나 2024년 9월 19일 기준 미 국채 10년과 2년 금리의 차이는 +0.13%p로

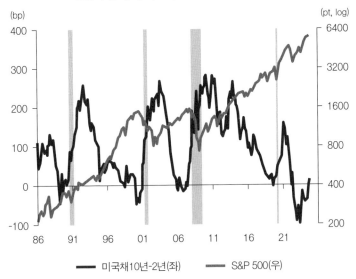

장단기 금리 차 역전이 정상화될 때 주가 고점

자료: Bloomberg

1년 전 저점 -1.08% 대비 대폭 축소되었고, 9월 기준금리 인하를 기점으로 정상화되었다. 일드커브의 역전 해소는 일반적으로 기준금리 인하 전후에 나타난다. 기준금리 인하를 시작하는 것이 드디어 연준이 경기가 나빠질 것으로 보고 있다고 해석되면서 주식시장에 부정적인 영향을 끼친다. 금리인하 폭이 더 커야 한다면 부정적 영향은 훨씬 증폭된다. 기준금리 인하의 배경과 향후 계획에 대하여 연준이 시장과 얼마나 잘 소통하는지가 중요하다. 현재 장단기 금리 차 역전이 해소되는 흐름을 감안하면, 현재 예상되는 기준금리 인하는 경기에 긍정적인 영향을 줄 것으로 금융시장이 해석하고 있다고 볼 수 있다. 역설적으로 기준금리 인하를 전후로 장단기 금리 차 역전이 해소되고, 주가는 사상최고치를 경신하면서 연준이 더 빠른 속도로 기준금리 인하에 나서기는 부담스러울 것이다. 기준 금리 인하 폭은 2025년 말까지 금융시장에서 반영하고 있는 수준인 2.75~3.00%보다 크지 않을 것이다.

계속 쌓여가는
구조적 인플레이션 상승 압력

저물가를 이끌었던 고령화는 베이비붐 세대의 은퇴와 신흥국의
생산가능인구 감소가 맞물리면서 인플레이션 상승요인으로 반전되었다.
생산과 저축보다 소비와 투자가 증가하면서
인플레이션 상승 압력이 추세적으로 높아질 것이다.

　　넥스트 노멀 시대의 달라진 환경은 인플레이션에도 영향을 끼친
다. 팬데믹과 전쟁의 영향으로 극심했던 공급망 차질은 대부분 완화
되었고, 물가도 꾸준하게 하락하면서 안정되는 흐름이다. 뉴욕 연준
에서 발표하는 '글로벌 공급망 압력 지수(Global Supply Chain Pressure
Index, GSCPI)'는 주요 글로벌 운송 비용과 구매관리자 설문 등을 토대
로 매월 집계되는데, 2021년 말을 정점으로 완화되기 시작해 2023
년 초부터는 완연한 안정세로 접어든 모습이다.

　　인플레이션이 안정되고 고용과 소비 지표가 둔화되기 시작하면서
2024년 9월, 연준은 5.25~5.50%로 기준금리를 인상한 지 13개월

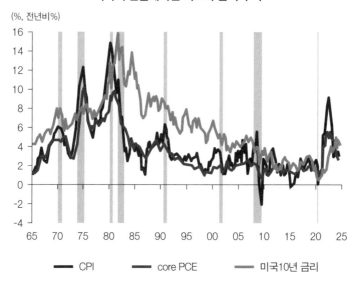

미국의 인플레이션 지표와 금리 추이

(%, 전년비%)

CPI   core PCE   미국10년 금리

자료: Bloomberg

만에 기준금리 인하를 시작했다. 2024년 9월 기준 주요 투자은행들의 미국의 소비자물가(CPI) 상승률 전망치는 2024년 말 2.7%, 2025년 말 2.3% 수준이다. 여전히 물가안정 목표 2.0%보다 높은 상태에서 기준금리 인하가 시작되는 셈이다. 공급망 차질은 해소되었지만 구조적인 인플레이션 상승 압력들은 쌓여가고 있다. 중장기적으로 팬데믹 이전보다 한 단계 높아진 수준에서 균형점이 형성될 것으로 전망한다.

팬데믹 이전보다 높아진 선진국 경제의 균형점

2024~2025년 선진국 경제의 실질(GDP)성장률과 소비자물가 (CPI) 상승률 전망을 팬데믹 이전인 2011~2019년과 비교해보았다. 2024~2025년은 팬데믹이 종료되고 공급망 차질도 대부분 정상화된 이후의 전망이므로 팬데믹 이전 2010년대 뉴 노멀 시대와 팬데믹 이후 경제의 눈높이(균형점)를 비교해보는 데 참고가 될 것이다. 전망치는 2024년 7월 IMF 전망치를 사용했으나, 다른 연구기관의 데이터를 사용해도 결과는 크게 다르지 않았다.

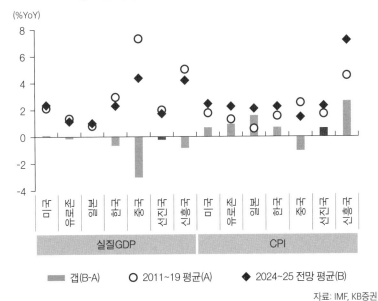

뉴 노멀 시대와 팬데믹 이후의 성장률과 물가 비교

자료: IMF, KB증권

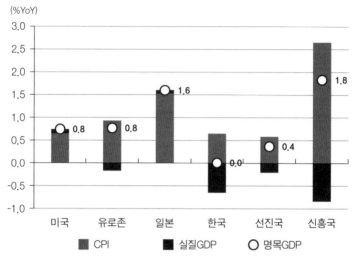

뉴 노멀(2011~2019) 대비 2024~2025년의 변화, 팬데믹 이전보다 높아진 균형

(%YoY)

자료: IMF, KB증권

분석 결과 2024~2025년 선진국 경제 전망은 팬데믹 이전보다 실질성장률은 0.2%p 낮은 반면, 인플레이션은 0.6%p 높은 수준에서 형성될 것으로 추정되었다. 성장은 낮아지고 물가는 상승하면서 명목성장률은 팬데믹 이전보다 0.4%p 높아졌다. 선진국 중 다른 나라들과는 차별화된 성장을 보이고 있는 미국경제는 2024~2025년의 실질성장률과 인플레이션 전망이 모두 팬데믹 이전보다 각각 0.1%p, 0.7%p 높게 추정되었다. 2024~2025년 평균 실질성장률 전망은 2.3%, 물가상승률 전망은 2.5%이다. 미국의 명목성장률은 팬데믹 이전보다 0.8%p가 높아졌다. 미국과 선진국 모두, 그만큼 중립금리의 상승 압력이 높아졌다는 뜻이다.

코로나19 확산 초기에는 팬데믹의 부정적 충격이 경제에 '영구적 손상'을 끼쳐 향후 잠재성장률이 하락하고 저성장·저물가 기조가 고착화될 것을 우려했지만, 정작 미래의 실질성장률과 인플레이션의 합인 명목성장률은 팬데믹 이전의 저성장·저물가·저금리 시대보다 높은 수준에서 균형이 형성될 전망이다. 여기서 주목할 점은 중앙은행들의 가파른 통화긴축과 공급망 차질 완화에도 불구하고 실질성장률의 균형은 팬데믹 이전과 크게 달라지지 않을 것으로 예상되는 반면, 인플레이션의 균형은 팬데믹 이전보다 0.6%p 상승함에 따라 중립금리(명목성장률)에도 약 0.4%p의 상승 압력이 가해지고 있다는 것이다.

팬데믹과 공급망 차질이 대부분 정상화되었고, 연준은 강한 통화긴축을 단행했음에도 불구하고 인플레이션 전망이 쉽게 낮아지지 않고 있다. 팬데믹 직전 연준과 ECB 등 주요 중앙은행들의 정책프레임이 인플레이션 용인으로 전환됨에 따라 인플레이션 발생 초기에 적절한 대응이 이루어지지 못했던 측면도 있다. 저물가가 골칫거리였던 2020년 8월, 연준은 잭슨홀에서 인플레이션 오버슈팅 정책인 '평균물가목표제'를 도입했다. 이는 인플레이션이 목표치인 2%를 웃돌더라도 일정부분 이를 용인한다는 정책이다. 연준과 중앙은행들이 2021년 하반기부터 본격화된 인플레이션 상승에 선제적으로 대응하지 못했던 이유다.

구조적인 인플레이션 상승 요인들

그 외에 팬데믹 이후 인플레이션이 한 단계 높아진 배경과 향후 나타날 구조적인 인플레이션 상승 요인들을 살펴보자.

첫째, 탈세계화와 글로벌 공급망 재편에 따른 대규모 투자가 인플레이션을 한 단계 끌어올리고 있다. 미국 정부가 전 세계 공급망에서 중국의 의존도를 낮추기 위해 첨단산업과 핵심설비, 인력을 내재화하는 '재산업화(reindustrialization)' 과정에서 비용이 상승했기 때문이다. 2018년 이후 미국과 중국의 패권 다툼이 무역분쟁 등으로 확산되면서 기업들은 비용을 줄이기 위해 신흥국으로 생산을 외주화한 결정이 조달 비용과 공급망의 안정성을 위협한다는 사실을 깨닫게 되었다.

특히 미국과 중국의 공급망이 블록화되고 호환성이 낮아지면서 기존 공급망의 효율은 낮아지고 비용은 높아졌다. 인도와 베트남은 중국을 대체하기 위해 노력하고 있고, 미국 정부는 미국 내 투자를 늘리기 위해 투자 지원 정책을 펼치고 있다. 최근 진행되는 투자는 대체로 '수요가 강해서, 또는 수요가 강해질 것'이라는 경기 사이클 측면에서의 전망을 바탕으로 결정되는 것이 아니다. 팬데믹 기간 동안 경험한 공급망 불안이 미중 디커플링과 결합되면서 자국 또는 우방국을 중심으로 공급망을 재편하려는 투자 의사 결정이다.

결국 비용이 낮은 해외에 생산 시설을 구축하는 오프쇼어링(offshoring)이 마무리되고, 해외 이전 생산시설을 다시 자국으로 돌아

대공황 이후 복지정책 강화로 인플레이션에 대한 취약성 증가

1775년 이후 미국의 소비자물가상승률

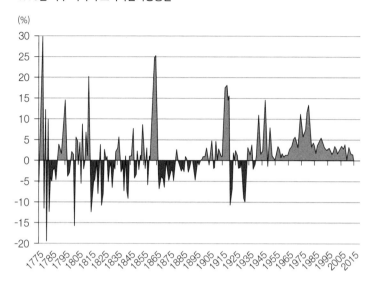

자료: Bloomberg

오게 하는 리쇼어링(reshoring), 신뢰가 쌓인 나라들 안에서 공급망을 구축하는 프렌드쇼어링(friend-shoring), 그리고 인접국에 구축하는 니어쇼어링(near-shoring)이 활발하게 진행 중이다. 가장 효율적으로 구축했던 기존의 공급망이 재편되는 과정에서 가까이 있는 더 비싼 노동력, 비싼 원자재와 중간재가 투입되면서 비효율을 높이고 비용은 상승한다.

둘째, 팬데믹을 거치면서 임금상승과 복지확대가 광범위하게 진행되었다. 팬데믹에서 벗어난다 하더라도 임금과 복지정책을 되돌리기는 쉽지 않을 것이다. 1930년대 대공황 이전의 초기 자본주의는 인플레이션을 제어하는 자정 작용이 존재했다. 물가가 상승하면 높아진 물가만큼 수요가 감소하면서 물가가 다시 낮아졌다. '물가 상승 → 수요 감소 → 물가 하락 → 수요 증가 → 물가 상승'이 반복되면서 인플레이션의 변동성이 커졌다. 그러나 대공황 이후 연준과 정부가 적극적인 역할을 수행하면서 자본주의는 점차 '경기 침체에 강한 자본주의'로 변했다.

특히 현대 복지정책을 확립한 계기가 된 1960년대 말 린든 존슨 미국 대통령의 '위대한 사회(Great Society)' 정책에서 추진된 사회보장, 실업급여, 노동계약 등의 복지정책은 사람들에게 물가가 상승하더라도 최소한의 수요 하단을 유지할 수 있는 기반을 마련해주었다. 이는 디플레이션을 차단했고, 인플레이션에 대한 취약성을 증가시켰다. 사람들은 복지가 강화될수록 오히려 노동시장에서 이탈하는 경향을 보인다. '위대한 사회' 정책이나 펜데믹 이후 고령층의 조기은퇴 현상이 대표적이다. 이는 타이트한 노동 공급과 비용 상승을 통해 인플레이션을 높인다.

셋째, 고령화와 기대수명 증가에 따른 부양비율 상승과 생산가능인구 감소도 추세적인 인플레이션 상승 압력을 높이고 있다. '부양비율(The dependency ratio)'은 생산가능인구(15~64세)가 부담해야 할 노년층(65세 이상)과 유소년층(0~14세) 부양가족 수를 측정한 수치이다. 베이비붐 세대가 은퇴를 시작하면서 생산가능인구(15~64세)가 노년층이나 유소년층을 부양해야 하는 부담, 즉 '부양비율'이 추세적으로 상승하기 시작했다. 선진국에서는 부양비율이 눈에 띄게 상승하고 있고, 신흥국에서는 하락 흐름이 멈추고 횡보하기 시작했다.

부양비율이 상승하면 저축이 줄고 소비가 늘어난다. 특히 치매 등 간병에 의존하는 고령자가 늘어나는 것은 상당한 부담이다. 노후를 위해 저축하던 사람들은 은퇴하면서 저축을 소비한다. 생산가능인구가 감소하면 생산보다 소비가 더 증가한다. 생산하는 사람보다 생산하지 않고 소비하는 피부양자(노년층, 유소년층)가 늘어나면 인플레이

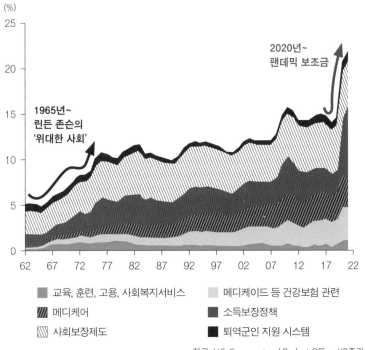

'위대한 사회' 정책 이후 미국의 복지예산 급증

자료: U.S. Congressional Budget Office, KB증권

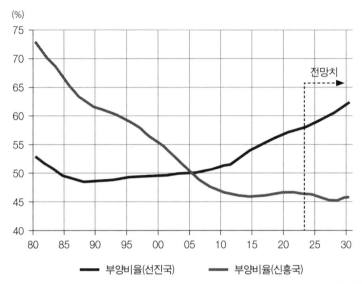

고령화에 따른 선진국의 부양비율 상승

(%)

자료: BIS

선은 상승 압력을 받는다.

인구구조 변화에 따른 고령화와 생산가능인구 감소는 잠재성장률과 인플레이션을 낮춰 금리를 하락시키는 요인이자 뉴 노멀 시대의 저성장·저물가·저금리를 이끄는 핵심 배경 중 하나였다. 그동안 선진국은 고령화와 생산가능인구 감소가 주는 물가 상승 압력이 존재했으나 해외 공장 이전과 신흥국의 풍부한 저임금 노동력이 주는 물가 하락 압력이 이를 압도했고, 전 세계적으로는 저물가가 유지되었다.

그러나 노후를 대비하며 저축하던 베이비붐 세대의 은퇴가 시작되고 노년층으로 편입되어 소비하기 시작하면서 인구구조 변화는

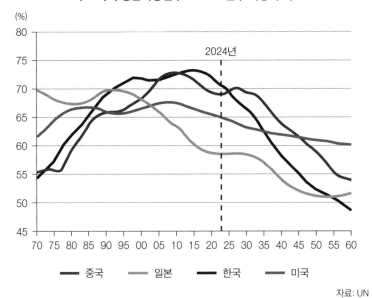

주요국의 생산가능인구(15~64세) 인구 비중 추이

(%)

2024년

중국   일본   한국   미국

자료: UN

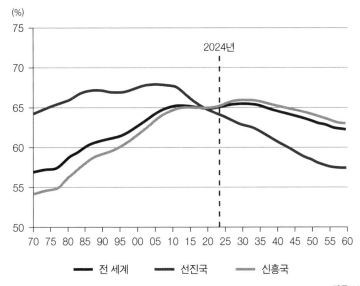

전 세계 생산가능인구(15~64세) 인구 비중 추이

(%)

2024년

전 세계   선진국   신흥국

자료: UN

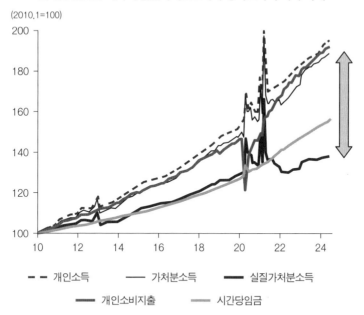

물가를 감안한 미국의 실질가처분소득과 명목소득의 격차 확대

(2010.1=100)

- - - 개인소득   —— 가처분소득   —— 실질가처분소득
—— 개인소비지출   —— 시간당임금

자료: Bloomberg

인플레이션 상승 요인으로 반전되었다. 미국은 2008년을 전후해, 우리나라는 2013년을 전후해 베이비붐 세대의 은퇴가 시작되었다. 탈세계화가 시작되었고, 저임금 노동력의 상징이던 중국도 생산가능인구가 감소하기 시작했다. 생산가능인구의 비중이 감소할수록 인플레이션은 추세적으로 상승 압력을 받을 것이다.

선진국은 2005년을 정점으로 생산가능인구가 감소하기 시작했다. 2000년대 막대한 저임금 노동력을 제공했던 중국은 2010년을 정점으로 생산가능인구가 감소 중이다. 우리나라의 생산가능인구는

2016년을 정점으로 감소하기 시작했으며, 약 30년 뒤인 2055년을 기점으로는 일본보다 더 낮아질 것으로 예상된다. 전 세계의 생산가 능인구는 2028년을 정점으로 감소할 것으로 추정된다.

참고로 생산가능인구 감소의 충격에 대한 대응은 일본과 독일, 미 국이 달랐다. 일본은 고용 연장과 여성 고용 확대 등으로 대응했지 만 효과를 보지 못했고, 독일과 미국은 이민을 늘려 인구 감소의 충 격을 적절히 방어한 것으로 평가되고 있다.

생산가능인구 감소로 장기적으로 노동공급이 타이트해지면 노동 자들의 임금 협상력도 자연스럽게 높아질 것이다. 소득이 늘어난 것 같지만 물가 상승으로 실질소득이 감소했다는 사실을 깨달은 노동 자들은 인플레이션을 감안한 실질임금의 인상을 원할 것이다. 이 역 시 장기적으로 인플레이션을 높이는 요인이다. 그리고 향후 노동자 들의 영향력이 확대되면 인적자본보다 금융자산에 대한 과세가 증 가할 것이다. 우리나라의 금융투자소득세 논의도 거시경제적으로는 이러한 흐름 가운데 있다.

인플레이션이 성장에 미치는 부정적 영향은 시간이 지남에 따라 인공지능(AI) 등 기술 혁신에 의한 생산성 향상으로 일부 상쇄될 수 있다. 기업들은 생산성을 높이기 위해 자본에 대한 투자를 늘릴 것 이다. 결국 생산과 저축보다 소비와 투자가 증가하면서 추세적으로 인플레이션 상승 압력을 높일 것으로 예상된다.

반전된 환경,
중립금리의 상승

1980년대 이후 추세적으로 하락하던 중립금리(균형금리)가
팬데믹을 전후로 상승 반전된 것으로 추정된다.
탈세계화와 에너지 전환에 따른 투자 증가, 기술혁신, 자금조달
비용 상승 등이 중립금리를 끌어올리고 있다.

'중립금리(neutral interest rate)'는 경제를 뜨겁게도, 차갑게도 하지 않는 적절한 기준금리 수준을 말한다. 경제가 인플레이션이나 디플레이션 없이 잠재성장률을 달성하도록 하는 이론적인 균형금리이자, 완전고용과 물가안정 목표를 동시에 달성하는 데 적절한 기준금리 수준이다.

뉴욕 연준의 이코노미스트인 라우바흐와 윌리엄스(Laubach and Williams)는 이를 수요와 공급에 대한 일시적 충격이 소멸되어 잠재 수준의 경제와 일치하는 '실질 단기금리'로 중립금리를 정의하기도 했다. 이는 자연이자율(natural rate of interest) 또는 r스타(r-star, r*)와 동

일한 개념이다.

중앙은행이 결정하는 기준금리가 중립금리보다 높으면 경기는 위축되고 인플레이션은 하락한다. 반대로 기준금리가 중립금리보다 낮으면 경기는 확장되고 인플레이션은 상승한다. 이처럼 중립금리는 중앙은행이 기준금리(정책금리)를 결정할 때 중요한 '기준'이자 '벤치마크(Benchmark)'가 된다.

다만 중립금리는 잠재성장률과 마찬가지로 정확한 수치를 알 수 없다. 정책의 기준으로 삼기 위해 추정할 뿐이다. 경제 환경이나 분석 방법 등에 따라 중립금리가 달라지기도 한다.

중립금리는 1980년대 이후 추세적으로 하락

연준은 2022년 3월부터 2023년 7월까지 단 17개월 만에 기준금리를 5.25~5.50%로 5.25%p나 가파르게 인상했다. 전례 없이 공격적인 통화긴축에도 불구하고 2024년 상반기까지 미국경제는 고용과 소비를 중심으로 탄탄한 모습을 보였다. 인플레이션은 쉽게 잡히지 않았다.

미국경제의 역사상 가장 긴 경기 확장기였던 2009년 7월~2020년 2월 중 미국의 비농업부문 신규고용은 월 평균 16.6만 명이었다. 반면 연준이 통화긴축에 나선 이후 월 평균 신규고용은 2022년 37.7만 명, 2023년 25.1만 명, 2024년 8월까지 18.4만 명으로 고용시장

미국의 기준금리와 비농업 부문 신규고용

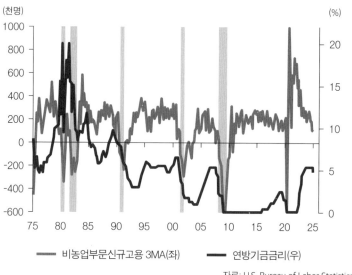

(천명)

(%)

■ 비농업부문신규고용 3MA(좌) ■ 연방기금금리(우)

자료: U.S. Bureau of Labor Statistics

은 완만하게 둔화되고 있지만 여전히 탄탄하다.

소비자물가 상승률도 2024년 8월 전년동월비 3.2%로 낮아지고 있지만, 물가안정 목표인 2.0%에 비해서는 여전히 높다. 2024년 7월 국제통화기금(IMF)은 미국의 경제성장률을 2024년 2.6%, 2025년 1.9%로 전망했다. 연준의 잠재성장률 1.8%보다 여전히 높다. 연준의 강도높은 통화긴축에도 불구하고 경제 성장률이 잠재성장을 웃돈다는 것은 현재 기준금리가 충분히 긴축적인 수준이 아니거나, 긴축효과를 내기 위해서는 시간이 오래 걸린다는 의미로 평가할 수 있다.

그렇다 보니 통화긴축의 효과가 과거에 비해 약해진 것은 아닌지, 기준금리를 더 인상해야 하는 것은 아닌지를 둘러싼 논의가 활발하게 전개되기도 했다. 중립금리 수준이 팬데믹 이전에 비해 높아졌다는 주장도 꾸준하게 제기되었다.

2024년 3월, 래리 서머스 전 미국 재무장관은 "연준의 강도높은 통화긴축에도 불구하고 미국의 인플레이션이 좀처럼 2% 목표치에 도달하지 못하는 이유는 중립금리 때문일 수도 있다"면서 "중립금리는 현재 명목 기준으로 4% 정도로 추정되며, 현재 기준금리인 5.25~5.50%와 크게 차이가 나지 않기 때문에 현재의 통화정책이 그렇게 긴축적인 상황은 아니다"라고 주장했다. 존 윌리엄스 뉴욕연준 총재는 중립금리를 의미하는 r-star(r^*)를 두고 "항해의 지침이 되었던 북극성이 희미하고 흐릿해졌다"면서 팬데믹 이후 기준을 설정하고 정책을 실행하는 데 따른 어려움을 토로하기도 했다.

중립금리는 대부분의 국가에서 1980년대 이후 추세적으로 하락하고 있는 것으로 분석되었다. 뉴욕 연준에 따르면, 미국의 중립금리는 1960년대 4~5% 수준에서 1980~2000년 중 약 3% 수준으로 낮아졌다. 중립금리는 특히 2000년대 이후 빠른 속도로 낮아졌는데, 미국과 유럽 등 선진국에서 세계대전 이후에 출생한 베이비부머 세대가 일하면서 소비보다 저축을 늘렸고, 아시아의 제조업 중심 수출국과 중동의 원유 수출국들은 경상수지 흑자로 저축이 쌓였기 때문이다. 즉 소비나 투자를 위한 '자금수요'보다 과잉 저축에 의한 '자금 공급'이 많아지면서 중립금리 수준이 낮아졌다는 것이 일반적인

미국의 중립금리(자연이자율) 추정

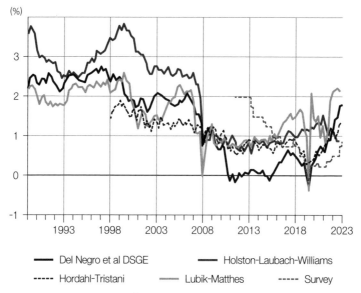

주: HLW 모형(Holston-Laubach-Williams의 연구 결과)이 뉴욕 연준의 추정치.
Survey는 미국 프라이머리 딜러(primary dealer) 설문조사
자료: BIS

평가였다. 돈을 쓰려는 사람보다 저축하려는 사람이 많아지면 금리는 낮아진다. 인구구조 변화도 주요국의 중립금리를 낮추는 요인으로 작용했다. 기대수명 증가로 저축이 늘면서 중립금리가 하락했고, 고령화에 따른 잠재성장률 하락도 중립금리를 낮추는 요인이 되었다. 미국의 중립금리는 2010년대 뉴 노멀 시대에는 1%까지 하락한 것으로 추정된다.

국제결제은행(BIS)은 다양한 분석 방법을 통해 다양한 자연이자율(r^*)을 추정했다. 자연이자율은 실질 단기금리이므로, 여기에 기대인

플레이션을 더하면 명목 중립금리가 된다. 추정 결과, 팬데믹 이후 미국의 자연이자율은 하락 추세가 마무리되고 반등하는 조짐이 관찰되었다. 대부분의 추정치들이 팬데믹 이후 지난 몇 년 동안 꽤 상승했고, 일부는 2%를 상회하기도 했다. 다만 방법론에 따라 최고와 최저 추정치의 차이가 약 1~2%p로 불확실성이 존재한다. 단기적인 변동과 수준보다는 '추세'의 움직임에 초점을 맞춰서 봐야 한다. 중립금리(자연이자율)는 의미 있는 반전 흐름을 보이고 있는 것으로 해석할 수 있다.

상승 반전한 중립금리의 상승 배경

추세적으로 하락하던 중립금리를 상승 반전시키는 요인들이 있었던 것으로 추정된다. 연준이 기준금리 인하에 나서면서도 과열을 촉발하지 않도록 상당히 조심스럽게 접근하는 근거가 될 것이다. 그 3가지 요인을 살펴보자.

첫째, 탈세계화와 에너지 전환에 따른 대대적인 투자, 미국의 '재산업화(reindustrialization)'가 중립금리를 높이고 있다. 탈세계화와 에너지 전환에 따른 신규 투자와 자금수요는 성장잠재력과 중립금리를 높이는 요인이다. 추세적인 인플레이션 상승 요인이기도 하다. 미국은 해외 노동력과 공급망의 의존도를 줄이고 자국 내 제조 인프라 경쟁력을 강화하기 위해 3가지 법안을 통과시켰다. 2021년 11월

인프라법(IIJA), 2022년 8월 반도체법(CHIPS), 인플레이션 감축법(IRA) 등이다. 이 3가지 법안은 미국의 노후한 인프라를 재건하며, 친환경 에너지 전환을 가속화하는 동시에 반도체 등 전략산업에 대한 경쟁력을 키우기 위해 마련되었다.

이 법안들의 영향으로 미국의 제조업 건설지출이 2021년 후반부터 빠른 속도로 증가하고 있다. 제조업 현장의 건물과 구조물, 고속도로와 도로, 상업시설, 전력, 교육시설 등에 대한 지출이다. 이러한 흐름을 미국의 '재산업화(reindustrialization)' '산업의 르네상스(industrial renaissance)' '미국 자본자톡의 재건(the rebuilding of the American capital stock)'이라고 부르기도 한다. 제조 인프라에 대한 대규모 투자(infrastructure)는 중요한 장기 투자테마가 될 것이다. 에너지 및 유틸리티 인프라, 운송, 부동산, 철강 및 조선 업종 등이 이에 해당된다.

둘째, 기술 혁신에 따라 생산성이 높아졌거나 높아지는 것과 유사한 효과를 내는 변화들이 나타났다. 팬데믹 기간 동안, 비용을 들이지 않고도 멀리 있는 사람과 만날 수 있는 화상회의 시스템이 낮은 가격으로 큰 거부감 없이 폭넓게 보급되었다. 더 많은 사람을 낮은 비용으로 만날 수 있는 기술 변화로 생산성이 향상되었다. 재택근무나 혼합근무가 확산되면서 협업 툴 사용을 통한 생산성 향상도 나타났다.

최근에는 다양한 분야에 인공지능(AI) 기술이 적용되고 있으며 활용도가 높아지고 있다. 청소기와 세탁기가 인간의 물리적 노동을 줄였듯, 비용이 낮아진 AI는 사람들의 인지노동을 줄여줄 것으로 기대

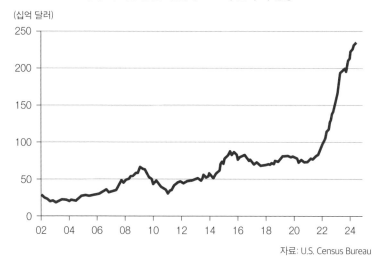

미국 제조업 건설 지출, 주로 IT 부문 투자 급증

(십억 달러)

자료: U.S. Census Bureau

된다. 일상의 인지노동에 쓰는 시간이 줄어들면 남는 시간을 창조적인 업무에 집중하면서 생산성 향상으로 이어질 전망이다. 생산성 향상으로 자본의 한계생산이 증가하면 성장잠재력과 중립금리가 높아진다.

셋째, 팬데믹 이후 주요국들의 재정적자가 급격히 확대되면서 국채 발행 등 자본시장을 통한 정부의 자금수요가 높아졌다. 미국 재무부의 적자국채 발행도 구조적으로 확대될 전망이다. 재정지출 증가와 국채발행에 따른 자본비용 상승은 모두 중립금리를 끌어올리는 요인들이다. 미국 의회예산국(CBO)에 따르면, 미국의 재정적자는 2024년 GDP의 7.0%에서 2034년에는 GDP의 6.9%로 큰 개선은

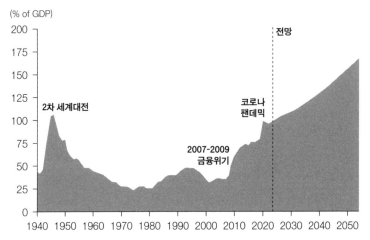

GDP 대비 미국 연방 정부부채 비율, 2054년 166% 전망

(% of GDP)

2차 세계대전

코로나
팬데믹

전망

2007-2009
금융위기

자료: U.S. Congressional Budget Office

없을 전망이다. 그러나 누적 재정적자의 영향으로 GDP 대비 정부의 부채비율은 2024년 99%에서 2034년 122%로 증가할 것으로 예상된다. 이는 전쟁 중이었던 2차 세계대전 당시의 106%를 훌쩍 넘어선다. 이자를 갚기 위한 지출인 '순이자 지출'은 2024년 8,920억 달러로 국방 재량지출을 넘어서고, 2034년에는 1조 7천억 달러로 거의 2배 이상 증가할 것으로 예상된다.

2023년에 GDP 대비 2.4%에 불과하던 순이자 비용이 2034년에는 GDP의 4.1%로 증가한다. 2034년까지 향후 10년 동안 재정적자의 무려 60%가 이자를 갚기 위해 사용된다. 순이자 지출을 제외한 기초수지 적자(primary deficit) 역시 인구 고령화와 의료비 등 사회보장 지출이 대폭 증가하면서 쉽게 줄어들지 못하는 구조다. 에너지

1장

전환과 국방비의 비중도 더 증가하는 추세다. 금융위기 이후 저금리에 발행되었던 장기국채가 만기도래와 함께 고금리로 차환 발행되면서 이자부담이 기하급수적으로 증가하고 있기 때문이다.

만약 중립금리가 더 높아졌다면, 물가안정목표인 2% 수준으로 인플레이션을 안정시키기 위해서는 기준금리가 과거보다 더 높거나 현재 수준에서 오랫동안 유지되어야 한다. 기준금리를 인하할 경우에는 과거보다 조금만 낮춰도 경제와 인플레이션을 다시 자극할 수 있게 된다. 미국의 대중 압박 전략이 집권당에 상관없이 장기화되면서 신규 투자는 가속화되고, AI 기술 적용에 의한 생산성 향상이 점차 가시화되고 있다. 높은 재정적자를 감당하기 위한 정부의 국채 발행 증가 등 향후 중립금리를 높이는 요인들이 더 많은 것으로 판단한다.

'2가지의 중립금리'가 금융시장에 주는 시사점

금융불안정을 방지하기 위한 연준의 보험성 금리인하는
과열과 인플레이션을 재발시킬 위험이 있다.
경기침체는 통화긴축의 결과가 아니라
금융불안정의 붕괴에 의해 발생할 것이다.

2022년 11월, 뉴욕 연준은 '2가지의 중립금리(균형금리)'라는 새로운 시각을 제시했다. 실물 거시경제의 균형을 달성하는 '자연이자율 r^*(natural rate of interest, r-star)'와, 금융안정을 달성하는 '금융안정이자율 r^{**}(financial stability interest rate, r-double star)'가 따로 존재한다는 것이다. 즉 '실물경제의 균형금리(r^*)'와 '금융경제의 균형금리(r^{**})' 개념인 셈이다. 그러나 중앙은행들은 전통적으로 실물경제의 균형금리(r^*)에 초점을 맞춰 통화정책을 펼치기 때문에 혼란스러운 결과가 나타난다. 2가지 중립금리 개념은 금융위기 이후의 통화정책과 실물경제, 금융시장을 이해하고 미래의 그림을 그리는 데 도움을 준다.

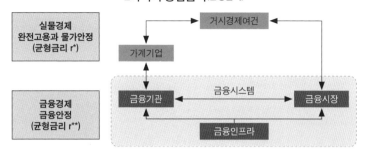

2가지의 중립금리(균형금리)

실물경제
완전고용과 물가안정
(균형금리 r*)

거시경제여건

가계기업

금융경제
금융안정
(균형금리 r**)

금융시스템

금융기관 ←→ 금융시장

금융인프라

자료: 한국은행 일부 인용

'금융안정(financial stability)'이란 쉽게 말해서 '금융시스템이 불안하지 않은 상태'라고 정의할 수 있다. 금융시스템은 금융기관과 금융시장, 그리고 금융인프라로 구성되어 있다. 이 3가지 구성 요소가 안정되어 있는 상태를 '금융안정'이라고 할 수 있다.

경기침체는 통화정책이 아닌 금융불안정에 의해 발생할 것

2008년 금융위기 이후는 실물경제의 균형금리(r*)가 금융경제의 균형금리(r**)보다 현저히 낮았던 것으로 추정된다(기준금리 < r* < r**). 중앙은행은 실물경제를 부양하기 위해 완전고용에 초점을 맞춰 양적완화와 초저금리 정책을 펼쳤고, 금융시장에서는 레버리지가 급증하고 거품이 만들어졌다. 경제는 침체에 빠지지 않았지만 불안정했고, 주식과 채권 등 금융자산 가격은 추세적으로 상승했다. 이 경우

경기 침체는 중앙은행 통화긴축의 결과가 아니라 거품 붕괴에 의해 발생한다. 트럼프 대통령 당선 이후 재정확대 정책으로 r^*가 높아지면서 두 균형금리의 격차가 축소되거나 역전되었다.

반면 팬데믹 이후에는 실물경제의 균형금리(r^*)가 금융경제의 균형금리(r^{**})보다 현저히 높아진 것으로 추정된다(r^{**} 〈 기준금리 〈 r^*). 트럼프 대통령 당선 이후 대규모 재정확대 정책으로 r^*가 대폭 상승했기 때문이다. 만약 중앙은행이 실물경제와 완전고용에 초점을 맞춰 통화긴축을 펼칠 경우 금융시장은 이를 견디지 못하고 파열음을 내기 시작한다.

팬데믹 이후 막대한 재정확대 정책의 결과, 연준의 강한 통화긴축에도 불구하고 실물경제는 견조했으며, 금융시장에는 주기적으로 변동성이 확대되고 금융불안정이 발생했다. 2022년 정부의 대규모 감세안에 반응한 영국의 국채 발작이나 2023년 미국의 지역은행 연쇄 부도 등이 대표적인 사례. 이 경우 경기 침체는 통화긴축의 결과가 아니라 금융불안정의 붕괴에 의해 발생할 가능성이 높다. 금융불안정에서 시작된 붕괴는 실물경제를 더 깊은 침체로 빠뜨린다.

금융불안정을 발생시킬 약한 고리들에 주의해야 한다. 2024년 11월 치러질 미국 대선을 둘러싼 추가 재정확대 정책, 또는 인공지능(AI) 관련 기술 성장주에 집중된 주식시장의 변동성 확대도 잠재적인 불안요인이다. 미국은 가계의 저소득층을 중심으로 단기 변동금리 부채가 빠르게 증가하고 있다. 이들은 급여 소득으로 더 이상 이자와 임대료 비용을 감당하지 못하고 있다. 2022년 중반부터 직장인의 급여소득 증가율은 임대소득 증가율을 밑돌고 있다. 그 영향으로 신용카드 대출(리볼빙)이 급증하고 있고, 20%가 넘는 신용카드 이자율로 연체율도 빠른 속도로 증가하는 중이다.

신용카드 대출과 연체율 급증은 은행들의 신용손실 충당금을 증가시켜 금융불안정 위험을 높인다. 연준의 기준금리 인상은 2023년 7월에 마무리되었지만, 기업들은 더 높은 금리로 대출을 차환하게 되면서 고금리 부담을 체감하기 시작했다. 고금리 부담을 이겨낼 정도의 매출 성장 기대가 없는 기업들은 섣불리 설비투자에 나서기도 어려운 환경이다.

고금리 장기화의 부정적 여파는 우리나라도 마찬가지다. 한국은행이 2024년 6월 발표한 '2023년 기업경영분석' 결과에 따르면, 국내 외부감사 대상 비금융 영리법인 기업 3만 2,032곳의 이자보상비율(영업이익/이자 비용)은 2023년 219.5%로, 전년의 443.7%보다 대폭

우리나라의 이자보상비율 구간별 기업 수 비중(단위: %, %p)

		2021	2022(A)	2023(B)	증감(B-A)
100% 미만		34.1	34.6	40.1	5.5
	0% 미만(영업적자)	26.5	25.0	27.8	2.8
100~300% 미만		15.6	18.4	20.7	2.3
300~500% 미만		7.7	8.1	7.5	△0.6
500% 이상		42.6	38.9	31.7	△7.2
	무차입 기업*	10.2	10.4	9.0	△1.4

*주: 당기말 및 전기말 차입금과 회사채 잔액이 없는 기업이나 금융비용을 자본화해
이자비용이 표시되지 않는 기업을 포함
자료: 한국은행

하락했다. 이는 2013년 통계 편제 이후 역대 최저 수준이다. 같은 기간 영업이익보다 이자 비용이 더 많은 이자보상비율 100% 미만의 기업 비중은 34.6%에서 40.1%로 늘어 역대 최고치다. 대출금리가 상승하면서 기업들의 차입금 평균 이자율과 금융비용 부담률이 상승한 영향이다. 매출액과 영업이익 증가율도 하락했다.

중립금리와 인플레이션의 조합이 주식시장에 미치는 영향

높은 금리가 모두 나쁜 것은 아니다. 중립금리는 경제의 성장 잠재력과 자금의 수급 환경을 반영한다. 인플레이션은 물가가 지속적으로 상승하는 현상이다. 이 관점에서 중립금리와 인플레이션의 조합이 경제와 주식시장에 미치는 영향을 구분해볼 수 있다.

첫째, 성장 잠재력을 높이지 않아서 중립금리는 상승하지 않는데 인플레이션만 높이는 임금 상승과 공급망 차질 등은 경제와 주식시장에 부정적이다. 다행히 이 두 요소는 최근 크게 걱정스럽지 않은 상황이다. 고용시장이 수요와 공급의 균형을 찾아가고 있으므로 단기적으로 임금 상승 우려는 점차 낮아지고 있고, 공급망 문제도 해소 단계다.

둘째, 성장 잠재력을 높이지 않는데 자금수요가 공급을 초과하면서 중립금리가 높아지는 것은 부정적이다. 정부의 순이자 지출 부담이 높아지면서 국채 발행이 늘어나는 경우다. 투자와 소비를 부양하기 위해 감세를 하거나 성장을 촉진하기 위해 정부지출을 확대한다면 문제가 되지 않을 수 있다.

그러나 지난 트럼프 정부와 현재 바이든 정부에서 각각 감세와 정부지출이 대규모로 단행되었기 때문에 감세에 의한 투자 촉진 효과나 정부지출에 의한 재정승수 효과는 크게 기대하기 어렵다. 정부부채가 크게 늘었고, 금리가 높은 수준을 유지하면서 순이자 지출 부담을 상쇄할 정도의 성장을 만들어내는 것도 어려운 상황이다. 따라서 정부의 국채발행 물량 부담을 높이는 정부지출 확대나 감세는 경제와 주식시장 모두에 부정적인 영향을 끼칠 가능성이 높다.

셋째, 인플레이션은 높아지지 않는데 성장 잠재력과 함께 중립금리가 높아져서 기준금리를 높이는 것은 경제와 주식시장에 모두 긍정적이다. 기술 혁신이 좋은 사례다. 소비보다 저축이 쌓이는 생산가능인구 비중의 증가도 여기에 해당된다.

넷째, 성장 잠재력이 높아지면서 중립금리와 인플레이션이 모두 높아지는 것은 경제에 조금 부담스러울 수 있다. 그러나 성장 잠재력이 높아지는 수혜 업종은 주식시장에서 긍정적이다. 대규모 인프라 투자와 친환경 경제로의 에너지 전환이 사례가 될 것이다. 인프라 지출은 투자 수요를 만들어내면서 인플레이션 압력을 높이는데, 성장 잠재력을 높이기 때문에 중립금리를 끌어올리기도 한다. 친환경 경제로 전환하는 것 역시 투자 수요를 만들고, 초기 투자 비용이 가격에 전가된다면 인플레이션을 유발할 수 있다. 다만 장기적인 관점에서는 환경 비용을 낮추고 경제의 효율을 높이면서 성장 잠재력을 높이기 때문에 중립금리 상승 요인이 된다. 생성형 AI에 의한 기술 혁신도 시차를 두고 성장 잠재력을 높일 것으로 기대된다. 팬데믹 이후 고금리·고성장·고물가 환경의 '넥스트 노멀' 시대를 예상하는 이유다.

중립금리보다 매우 높지는 않아도, 꽤 높은 수준의 기준금리가 오랫동안 유지되면서 2024년 하반기 이후 통화긴축 효과가 나타나기 시작했다. 고용과 소비심리가 위축되면서 연준은 2025년까지 기준금리 인하 기조를 이어갈 것으로 예상한다. 기준금리 인하는 경기를 부양하는 것보다는 과잉긴축을 막기 위한 목적, 즉 '정상화'나 '보험성' 금리 인하가 될 것이다.

기준금리 인하를 시작한 이후 중요한 것은 어느 수준까지 내릴 것인지에 대한 정상화의 '기준'이다. 중앙은행은 물론 정부도 그 기준에 따라 정책의 회수 속도와 강도를 결정할 것이기 때문이다. 현재는 금융경제의 균형금리(r^{**})가 실물경제의 균형금리(r^{*})보다 현저히 낮은 상황으로 추정된다(r^{**} < 기준금리 < r^{*}). 금융불안정을 방지하기 위한 연준의 기준금리 인하는 적절하다. 이론적으로는 금리인하와 함께 재정긴축이 병행되어야 하겠지만 2024년 11월 치러질 미국 대선을 앞두고 양당은 모두 기존의 감세 정책을 연장하겠다는 공약을 내건 상태다. 공화당의 트럼프 후보는 추가 감세까지 공언하고 있다. 누가 미국 대통령으로 당선되더라도 예산 규모를 줄이는 재정긴축은 현실적으로 어려워 보인다.

2024년 9월 연준의 기준금리 인하 이후 금리파생상품 시장에는

2025년 말 약 2.75~3.00%까지 기준금리를 인하할 것이라는 전망이 반영되어 있다. 높아진 중립금리를 감안할 때 연준의 과감한 기준금리 인하는 이제 막 진정되기 시작한 실물경제와 인플레이션을 다시 자극할 가능성이 있다. 기준금리 인하 속도와 강도가 강할수록 장단기 금리 차는 확대될 것이다. 금리 하락에 따른 자본차익 목적의 장기채권 투자자라면 기준금리 인하 기대가 마무리된다는 인식이 확산되기 전에, 또는 현재 채권시장에 반영되어 있는 기준금리 인하폭 이상으로 실제 인하가 어렵다고 판단될 때 차익실현에 나서는 것이 안전할 것이다.

탈세계화와 보호무역주의에도 경제는 더 성장할 것이다. 탈세계화는 경제의 성장동력이 노동과 자본에서 '기술 혁신'으로 이동하는 것을 의미한다. 값싼 노동력과 해외 공장, 자유무역은 세계화 시대의 효율성을 상징한다. 그러나 자유무역의 한계비용이 높아지고 후발 경쟁국이 성장하면서 패권국은 장벽을 높이고 기술 혁신에 집중한다. 기술 패권 경쟁으로 경제와 공급망은 블록화되지만 그 과정에서 '위대한 기술의 시대'가 시작된다. 1, 2차 산업혁명이 생산성 혁명으로 이어질 수 있었던 것은, '범용기술(증기력, 전기)' 발명 이후 약 50년 이상의 '축적의 시간'을 거쳐 '하위 발명(증기기관, 전력)'과 연결되며 상용화되었기 때문이다. 컴퓨터와 인터넷(범용기술)은 발명된 지 50여 년이 지났고, 스마트폰과 자율주행, AI 등의 하위 발명과 만나 생산성 혁명으로 진화할 채비를 갖추고 있다. 산업혁명은 에너지 혁명과도 일치한다. '기술의 시대'의 주가 상승은 Magnificent 7 등 소수의 대형기술주에 의해 주도된다. 그러나 기술 성장주의 주도권은 AI 플랫폼 기업에서 AI 플랫폼을 이용해서 성장하는 기업으로 점차 바뀔 것이다. 'BIG(Bio, Information, Green Tech)'에 집중하되 산업 전체를 일부 담아 소수 대형 기술주 집중도를 서서히 완화해야 한다.

다시 시작된
위대한 기술의 시대

탈세계화 시대에도
경제 성장은 가능할까?

탈세계화와 보호무역주의, 미중 패권전쟁에도 불구하고
경제는 더 성장할 것이다.
탈세계화는 경제성장의 동력이 노동과 자본에서
'기술 혁신'으로 이동하는 것을 의미한다

2024년 5월 14일, 미국 바이든 정부는 중국산 전기차에 대한 관세를 현재 25%에서 100%로 대폭 인상할 계획이라고 발표했다. 또한 중국산 반도체와 태양광 전지의 관세는 현재 25%에서 50%로, 철강, 알루미늄, 배터리와 배터리 부품의 관세도 현재 7.5%에서 25%로 2024년 안에 대폭 인상할 예정이다. 관세 인상 대상은 중국산 수입품으로 약 180억 달러(약 24조 3,000억 원) 규모에 달한다.

바이든 정부는 "중국의 불공정 무역 관행이 미국 기업과 근로자를 위협하고, 미국의 공급망과 경제 안보에 용납할 수 없는 위험을 야기하고 있다"면서 관세 인상의 배경을 밝혔다. 바이든 정부는 관세 인상뿐만 아니라 인공지능(AI)과 커넥티드 차량(스마트카) 등 첨단 기술에 대한 통제를 포함한 추가적인 경제 압박 조치도 고려하고 있다고 전해졌다. 2024년 11월의 미국 대통령 선거를 앞두고 생산직 노동자들의 표심을 붙잡기 위한 바이든 정부의 의도로 추정된다.

유력 언론들은 "많은 사람들을 충격에 빠뜨렸던 트럼프 전 대통령의 보호무역 정책을 바이든 대통령이 그대로 받아들이고 있다"고 비판했다. 11월 대선에서 민주당의 해리스 후보와 맞붙을 공화당의 트럼프는 모든 수입품에 대해 10%의 보편 관세를 도입하고 중국에 대한 관세율은 60%까지 인상하는 방안을 검토중이라고 밝혔다.

이제 관세와 보호무역주의는 더 이상 트럼프와 공화당의 전유물이 아니다. 그동안 보호무역주의에 앞장섰던 중국은 오히려 "미국이 세계무역기구(WTO)의 규칙을 위반하고 있다"며 강하게 반발하는 중이다. 바이든 정부의 전기차 등 중국산 수입품에 대한 관세 인상 계획에 대해 국제통화기금(IMF)은 "무역갈등이 극에 달할 경우 전 세계 국내총생산(GDP)의 7%에 달하는 손실이 발생할 수 있다"며 경고에 나섰다.

세계화의 퇴장을 두려워할 필요는 없다

팬데믹 이후 세계화의 퇴조가 진행되면서 "탈세계화 시대에도 글로벌 경제는 성장할 수 있을까? 보호무역주의 하에서는 교역량이 감소할 텐데, 무역 비중이 높은 한국 경제는 성장할 수 있을까?"라는 질문을 투자자들에게 많이 받았다. 실제로 2017년 트럼프 전 미국 대통령 취임 이후 보호무역주의가 본격화되면서 탈세계화가 시작되었고, 팬데믹에 따른 공급망 차질과 미중 갈등, 전쟁 등으로 탈세계화는 집권 정당과 상관없이 가속화되고 있다.

전 세계의 GDP(경제규모) 대비 상품수출이 차지하는 비중을 살펴보면, 세계화 시대에는 GDP 대비 교역량이 증가하는 흐름이 나타나고, 반대로 탈세계화(블록화) 시대에는 감소하는 흐름이 나타난다. GDP에서 재화와 서비스의 수출입을 합친 교역량이 차지하는 비중이 약 25%에 불과한 미국에 비해 약 80%에 달하는 한국경제의 지

세계화와 블록화 시대의 GDP 대비 상품수출 비중

자료: Fouquin and Hugot, KB증권

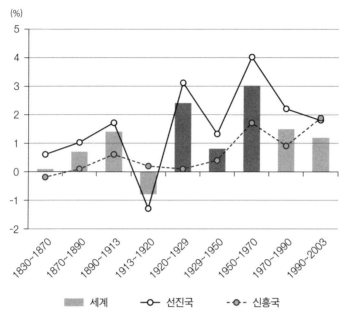

세계 GDP성장률 추이(1950~1970년은 자본주의 황금기)

자료: Paul Bairoch, World Bank, KB증권

속가능한 성장에 대한 우려는 당연하다. 그러나 세계화의 퇴장을 두려워할 필요는 없다. 탈세계화(블록화)는 경제성장의 동력이 '노동과 자본'에서 '기술 혁신'으로 이동하는 것을 의미하기 때문이다.

역사적으로 세계화와 탈세계화(블록화)는 약 50~60년을 주기로 반복되면서 나타났다. 1840년부터의 흐름을 살펴보면, 식민지 무역을 통해 첫 번째 세계화('세계화 1.0')가 시작되었고, 1920년대를 전후해 1·2차 세계대전과 냉전을 통해 '블록화 1.0' 시대를 지나왔다. 이후 냉전 체제가 끝나고 중국과 동구권이 개방되면서 1970년대 중반에 두 번째 세계화('세계화 2.0')가 시작되어 약 50년간 이어졌다. 2020년을 전후한 지금 시점은 두 번째 블록화('블록화 2.0')의 초기 단계다.

흥미로운 것은 세계화의 퇴장과 함께 2차 세계대전과 냉전을 거쳤던 1920~1970년까지의 '블록화 1.0' 시대다. 2차 세계대전의 직접적 영향으로 성장률이 낮아졌던 1929~1950년을 제외하면 '블록화 1.0' 시대의 경제성장률은 다른 시기와 비교했을 때 상당히 높다. 특히 1950~1970년은 '자본주의의 황금기'라고 불릴 정도로 주가가 큰 폭으로 상승했고, 경제성장률도 가장 높았다. 극단적인 냉전 시대였던 '블록화 1.0' 시대(1920~1970년)에 강력한 경제성장과 주가 상승을 이끌었던 요인은 무엇이었을까?

경제성장을 만들어내는 요소: 노동과 자본, 기술

경제성장을 만들어내는 요소들은 노동과 자본, 기술로 나눠볼 수 있다. 세계화 시대에는 효율성이 가장 중요시된다. 한정된 자원으로 최대한의 효율성을 이끌어내야 하기 때문에 기업은 값싼 노동력을 찾아 공장을 중국 등 해외로 옮기고, 저임금 노동자들을 고용해 본사의 기술로 물건을 찍어내 최대한 많은 곳에 수출하면 돈을 벌 수 있는 구조다. 공장이 지어진 신흥국의 자연 훼손이나 오염은 효율성을 위해 어느정도 용인된다. 전 세계 교역망을 안정적으로 관리하고 유지하기 위해 미국을 비롯한 선진국들은 자유무역이 중요했고, 질서를 유지하기 위해 비용을 감수하면서 경찰국가의 역할을 자처했다. 세계무역기구(WTO)와 국제통화기금(IMF), 세계은행(World Bank) 등의 국제기구는 시스템을 지키고 감시하고 키우기 위해 필요한 중요한 도구였다.

이른바 1970~1980년대 이후 '신자유주의 시대'는 '세계화 2.0' 시대였다. 페이팔(PayPal)의 공동 창업자인 피터 틸(Peter Andreas Thiel)은 그의 저서 『제로 투 원(Zero to One)』에서 1에서 n으로 사업을 확장하는 세계화를 '수평적 진보(수평적 확장)'라고 표현했다.

그러나 세계화 시대와 자유무역이 지속될수록 값싼 노동력들은 점차 사라진다. 중국 등 신흥국의 노동임금이 비싸지면서 자유무역의 한계 비용은 증가하고 한계 효용은 낮아진다. 그 과정에서 세계화 시대, 자유무역의 최대 수혜를 입은 중국이 급격히 성장해 미국의 패권을 위협하는 수준에까지 이르렀다. 미국 등 선진국들은 이제 비용을 감수하며 자유무역의 질서를 유지할 유인이 낮아진 셈이다. 이들은 오히려 자유무역 체제에서 공유되던 첨단 기술들에 대한 단속에 나서며 장벽을 높이고 자체적인 기술 혁신에 집중하는 방향으로 태세를 전환했다.

피터 틸은 0에서 1로 새로운 것을 창조함으로써 나타나는 이와 같은 기술 혁신을 '수직적 진보'라고 표현했다. 기술 패권을 유지하기 위한 혁신과 표준화 경쟁으로 경제와 공급망은 블록화된다. 블록화된 각 진영은 가치사슬(value chain)과 표준화 경쟁에서 우위를 점하기 위해 최첨단 군사기술들을 경쟁적으로 과시한다. 기술 패권 우위를 위한 최첨단 기술 개발 경쟁은 기술 혁신을 자극한다.

세계화 시대였던 지난 50여 년 동안 대부분의 기술 발전은 정보기술(IT) 분야를 제외하면 거의 정체 상태였다. 인류는 1972년 아폴로 17호 이후에 달에 가지 않았다. 냉전 시대에 미국과 소련은 경쟁적으로 우주선을 개발했으나 미국의 패권 우위가 결정되면서 더 이상 달에 투자할 유인이 사라졌기 때문이다. 그러나 기술 패권 경쟁이 시작되면서 인류는 50여 년 만에 다시 달 착륙을 시도하고 있다. 러시아-우크라이나 전쟁은 앞으로의 전쟁이 드론 등을 포함한 '무인 전쟁'이 될 것이라는 사실을 깨닫게 했다. 2017년 말 미국은 21세기 유인 달 탐사 계획인 '아르테미스 계획(Artemis Program)'을 시작했다. 그리스 신화에서 '아르테미스'는 '아폴로'의 쌍둥이 누이이자 달의 여신이다. 2024년 2월에는 미국의 민간기업 인튜이티브 머신스가 개발한 달 탐사선 '오디세우스(노바-C)'가 52년 만에 무인 우주선으로 달 착륙에 성공했다.

현재 많은 항공사에서 주력 항공기로 사용되고 있는 보잉 737은 1968년에 투입된 항공기다. 미국은 1950년대부터 초음속 비행 기술을 군사력 강화를 위해 개발해왔다. 1976년에는 영국과 프랑스가 공동 개발한 콩코드가 취항하는 등 초음속 비행기술은 일찌감치 개발되었지만 엄청난 폭발음(소닉붐) 등의 어려움으로 결국 상용화에 실패했다. 초음속 비행 기술 역시 50여 년이 흐른 지난 2024년 1월, 미 항공우주국(NASA)과 세계 최대 방산업체인 록히드 마틴이 공동 개발한 항공기 'X-59'가 공개되면서 다시 주목받고 있다. 서울에서 뉴욕까지 14시간 이상이 걸리던 시간을 7시간으로 단축할 수 있는 기술로 상용화를 추진중이다.

　현재 자동차의 외관은 100여 년 전부터 타고 다니던 형태와 큰 차이가 없다. 운전석 계기판 속도계의 최대 속도가 현재 240~260km까지 꾸준히 높아졌고, 엔지니어들은 이를 안정적으로 높이기 위해 지금도 경쟁하고 있다. 그러나 고속도로를 제외하면 120~130km 이상으로 속도를 올리는 경우는 별로 없다. 소비자들이 느끼는 효용에는 큰 개선이 없었다.

경제성장의 동력이 '노동과 자본'에서 '기술 혁신'으로 이동하다

1920~1970년 탈세계화 시대의 경제성장과
생산성 혁명을 이끈 것은 '기술 혁신'이었다.
AI 기술 발달은 향후 생산성 증가를 동반한
폭발적인 성장세와 변곡점을 이끌 것이다.

로버트 고든(Robert J. Gordon) 미국 노스웨스턴대 교수에 따르면, 1인당 GDP(1인당 생산량)의 연평균 증가율은 세계화 시대보다 탈세계화(블록화) 시대였던 1920~1970년대가 가장 높았다. 흥미로운 점은 블록화 시대의 1인당 노동시간 증가율은 오히려 가장 낮았다는 것이다. 이전보다 노동을 적게 했는데, GDP 성장은 가장 가팔랐다는 의미이다. 이 시기의 성장을 이끌었던 것은 주로 '노동생산성(시간당 생산량)'의 향상이었다.

노동생산성의 향상 요인은 다시 교육 수준(education), 노동시간당 자본 투입량(capital deepening), 총요소생산성(TFP, Total Factor

노동시간 감소에도 불구하고 높은 성장과 생산성 향상을 이끌어 냈던 블록화 시대

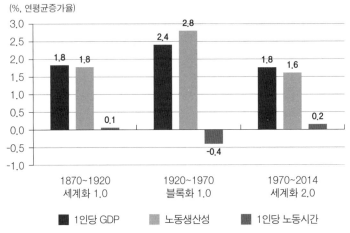

(%, 연평균증가율)

자료: The rise and fall of American growth, Robert J. Gordon

블록화 시대의 성장을 이끈 것은 '기술 혁신(TFP)'

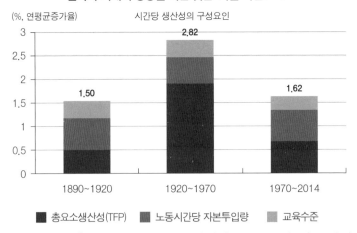

(%, 연평균증가율)　　　시간당 생산성의 구성요인

자료: Perspectives on The Rise and Fall of American Growth, Robert J. Gordon

Productivity)으로 나눠볼 수 있는데, 이는 각각 '노동'과 '자본'과 '기술 혁신'을 뜻한다. 세계화 시대보다 블록화(탈세계화) 시대였던 1920~1970년의 압도적인 경제성장과 생산성 혁명을 이끌었던 것은 총요소생산성(TFP)으로 표현된 '기술 혁신'이었다. '블록화 1.0' 시대(1920~1970년)에는 전기, 내연기관, 석유 개발 등의 기술 혁신이 2차 산업혁명을 이끌어냈다.

기술의 시대가 온다

세계화 시대가 마무리되고 탈세계화가 시작되면 자연스럽게 '기술의 시대'로 전환되는 것일까? 그렇지는 않다.

기술은 2가지로 나눌 수 있는데, '범용기술'과 '하위발명'이다. 첫째, '범용기술(GPT, General Purpose Technology)'은 경제 전반에 영향을 미칠 수 있는 원천 기술이다. 1차 산업혁명의 증기기관(증기력), 2차 산업혁명의 전기와 내연기관, 3차 산업혁명의 인터넷과 개인용 컴퓨터 등이 이에 해당된다. 둘째, '하위발명'은 범용기술을 응용하고 상용화하는 데 접목되는 기술이다. 1차 산업혁명의 증기기관과 방직기, 2차 산업혁명의 전구, 가전제품, 자동차 등이 이에 해당된다. 3차 산업혁명의 하위발명은 스마트폰과 인공지능(AI), 자율주행 등이 될 수 있을 것이다.

과학적으로 중요한 것은 물론 '범용기술'이다. 그러나 경제적으로는 '하위발명'이 더 중요하다. 아무리 뛰어난 과학 기술도 산업에 활용되어 투자와 생산, 고용으로 연결되지 않는다면 경제적으로는 의미가 없기 때문이다.

우리가 기억하는 1차 산업혁명 당시 제임스 와트(James Watt)의 증기기관은 하위발명이었다. 범용기술인 증기기관(증기력)은 이보다 50여 년 전인 1712년 토머스 뉴커먼(Thomas Newcomen)에 의해 고안되었고, 하위발명은 1765년 제임스 와트가 기존의 증기력에 응축기를 부착하고 효율을 높여 새로운 증기기관을 개발해 상용화하면서 이어졌다.

2차 산업혁명도 마찬가지였다. 범용기술인 전기는 1831년 마이클 패러데이(Michael Faraday)가 전기에너지를 운동에너지로 변환하는 최초의 전기 모터를 전자기 유도 실험을 통해 발명했다. 우리가 잘 알고 있는 토마스 에디슨(Thomas Alva Edison)의 발명은 1879년 탄소 필라멘트를 사용해 전구의 수명을 늘려 상용화한 하위발명이었다. 이후 1890년 니콜라 테슬라(Nikola Tesla)가 현대 전기문명의 근간이 되는 교류(AC) 발전기를 발명하면서 상용화가 가속화되었다.

1·2차 산업혁명이 '생산성 혁신'을 바탕으로 한 '산업혁명'으로 정의될 수 있었던 것은 '범용기술(증기력, 전기)' 발명 이후 약 50년 이상의 '축적의 시간'을 거쳐 '하위발명(증기기관, 전력)'과 연결되며 상용화되었기 때문이다. '축적의 시간'은 범용기술의 비용이 낮아지고 상용화되는 데 걸리는 기간이다. 1859년 납 축전지가 최초의 2차 전지로 발명되었고, 인류 최초의 충전식 전기차는 휘발유를 사용하는

내연 기관 자동차보다 5년 앞선 1881년에 개발되었다. 2차 전지와 전기차 역시 축적의 시간을 거쳐 하위발명들과 결합되면서 드디어 비용이 낮아지고 상용화가 가능한 단계를 맞이하고 있다.

AI 기술 발달은 향후 생산성 증가를 동반한 폭발적인 성장세와 변곡점을 이끌 것

개인용 컴퓨터(1974년)와 인터넷(1975년)이 발명된 지 약 50여 년이 흘렀다. 이들은 단순한 전화기인 줄만 알았던 스마트폰과 만나 스마트폰 안에 컴퓨터와 인터넷이 들어오면서 플랫폼으로 빠르게 진화했다. 누구나 지니고 있는 플랫폼(스마트폰)은 최근 인공지능(AI)과 결합되며 상상을 뛰어넘는 생산성 혁신을 만들어내기 시작했다. 단순한 운송수단인 줄만 알았던 전기차 역시 컴퓨터, 인터넷과 결합되면서 자율주행 플랫폼, 모빌리티(mobility)로 진화하는 중이다.

최근 AI 기능을 탑재한 다양한 사용자 기기(edge devices)와 이를 활용한 새로운 비즈니스들이 등장하고 있는 것은 매우 흥미롭다. 기술이 어디까지 진화하고 확장될지 상상하는 것조차 쉽지 않지만, 중요한 것은 50여 년 전에 컴퓨터와 인터넷이라는 범용기술이 존재했다는 사실이다.

인터넷으로 이메일이나 보내던 인류가 '축적의 시간'을 거친 후에 드디어 '인공지능(AI), 자율주행, 사물인터넷(IoT)' 등의 산업으로 연

영국의 노동생산성 증가율(10년 이동평균)

(%)

블록화 1.0

블록화 2.0

추정치

1800 1820 1840 1860 1880 1900 1920 1940 1960 1980 2000 2020 2040

자료: Bank of England, Office for National Statistics

결되는 고리를 찾은 것은 과거 '범용기술'과 '하위발명'의 연결 법칙과 일치한다. '범용기술'인 컴퓨터와 인터넷은 축적의 시간을 거쳐 '하위발명'인 AI가 탑재된 사용자 기기(edge devices)를 플랫폼으로 향후 다양한 비즈니스들이 펼쳐질 것으로 예상한다.

1990년대 이후 인터넷과 개인용 컴퓨터로 대표되는 닷컴 혁명을 '3차 산업혁명'이라고 부르고 있지만 아직 정립된 개념은 아니다. 닷컴 혁명이 주로 엔터테인먼트와 정보통신에 집중되어 있었던 만큼 전면적인 생산성 개선 효과는 크지 않았다. LG 전자는 2021년 CES 비즈니스 포럼에서 "세계경제는 인공지능(AI) 기술의 발달에 따라 2027~2029년에 생산성 증가를 동반한 폭발적인 성장세와 변곡점을 맞이할 것"이라고 전망했다.

청소기와 세탁기가 인간의 물리적 노동을 줄였듯, AI는 사람들의 인지노동을 줄여줄 것으로 기대된다. 어떤 옷을 입을지, 어떤 제품을 구매할지, 어떤 주식에 투자할지 등 일상의 인지노동에 쓰는 시간이 줄어들면 남는 시간을 창조적인 업무에 집중할 수 있을 것이다. 맥킨지 컨설팅은 "생성형 AI(Generative AI)가 2023년부터 2040년까지 노동생산성을 연간 0.1~0.6% 향상시킬 것"으로 추정했고, 자동화 및 생산성 분야의 석학인 에릭 브린욜슨(Erik Brynjoffsson) 스탠퍼드대 교수는 "AI가 미국의 생산성을 의회예산국이 예상한 현재 1.4%의 2배로 끌어올릴 수 있을 것"으로 내다봤다.

2016년 이후 나타난 급격한 기술 혁신을 우리는 '4차 산업혁명'이라고 부르고 있지만 이는 생산성 혁명 없이 지나갔던 '3차 산업혁명'이 생산성 혁신을 통해 재조명되는 '3차 산업혁명'의 연장선이 될 것으로 예상한다.

기술 혁신이 만들어내는
인플레이션과 시장 거품

기술 혁신을 둘러싼 주도권 다툼과 전염병은
인플레이션의 장기 사이클을 만든다.
정부의 역할 강화와 복지정책 확대로
인플레이션의 높이는 높아지고 길이는 길어졌다.

　　기업가의 혁신적 활동을 의미하는 '창조적 파괴(creative destruction)'
라는 용어로 널리 알려진 경제학자 조지프 슘페터(Joseph Alois
Schumpeter)는 1939년 저서 『경기순환론(Business Cycles)』에서 50~60
년 주기의 장기 파동(콘드라티예프 파동)이 나타나는 근본적인 원인은
'새로운 기술 혁신'에 있다고 주장했다. 새로운 기술의 보급이 사회
와 경제를 변화시킨다는 것이다. 그는 경기순환의 첫번째는 1780
년대 '증기기관 발명과 공장의 탄생(대량 생산)'에 의해 만들어졌고,
두 번째는 1840년대 '철도 부설 붐'에 의한 것이었으며, 세 번째는
1880년대 '2차 산업혁명(전기, 석유)'에서 비롯된 것으로 보았다.

역사적으로 기술 혁신은 인플레이션의 장기 사이클을 만들기도 한다. 새로운 기술의 도입은 제품이나 서비스 가격을 하락시켜 인플레이션을 낮춘다. 이후 적정한 수준보다 낮은 상태에서 안정적인 인플레이션이 이어진다. 경제는 견조한 흐름을 이어가고, 주식시장은 추세적으로 거품을 형성할 만큼 상승한다. 그 과정에서 성장한 신흥 세력과 기존 세력 간의 주도권 다툼이 발생한다. 주도권 다툼 또는 때때로 나타났던 전염병을 극복하는 과정에서 정부는 적극적인 재정확대 정책을 펼치고, 이는 시차를 두고 강력한 인플레이션으로 이어지면서 인플레이션의 장기 사이클은 마침내 마무리된다. 1930년대 대공황 이후 정부의 역할 강화와 복지정책 확대는 인플레이션의 높이를 이전보다 더 높이고 기간도 길게 만들었다.

기술 혁신이 인플레이션을 부른다

경제학 교과서에 등장하는 '필립스 곡선(Phillips curve)'은 실업률과 인플레이션의 역의 상관관계를 설명한다. 경제가 좋아지면 실업률이 낮아지지만 물가가 상승하고, 반대로 경제가 나빠지면 실업률은 상승하지만 물가가 하락한다. 그러나 만약 기술 혁신이 생산성을 끌어올리면서 공급곡선을 오른쪽으로 이동시킨다면, 산출량이 증가해도 가격은 하락할 수 있다. 경제가 좋아지고 실업률이 하락하지만, 물가는 안정될 수 있다는 뜻이다. 기술 혁신의 도입 시기에 나타나

공급곡선 이동(공급 증가)의 효과

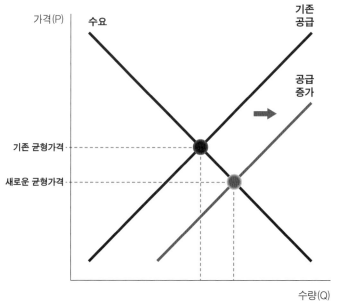

자료: KB증권

는 현상이다.

새로운 기술의 도입이 인플레이션을 낮췄던 사례는 2010년대 중반 이후 '아마존 효과(Amazon effect)'가 있었다. 인터넷과 전자상거래의 확산은 최저가 구매를 늘려 저물가를 고착화시켰다. 새로운 기술 혁신은 낮은 실업률과 낮은 인플레이션을 동반하며 필립스 곡선을 평평하게 만들었고(Phillips curve Flattening), 작동하지 않는 필립스 곡선 이론은 중앙은행들의 인플레이션 통제를 더 어렵게 만들었다. 즉 실업률이 변동할 때 인플레이션에 미치는 민감도가 금융위기 이후

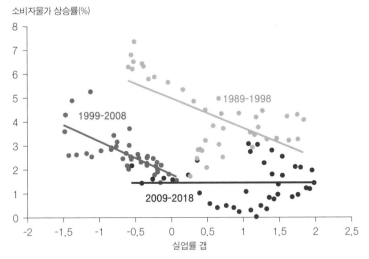

금융위기 이후 필립스 곡선의 평탄화(OECD 국가)

소비자물가 상승률(%)

1989-1998

1999-2008

2009-2018

실업률 갭

주: 실업률 갭은 실제 실업률과 자연실업률의 차이.
자연실업률은 경제가 완전고용 수준을 유지하고 있는 상태에서 나타나는 정상실업률
자료: Federal Reserve Bank of San Francisco

크게 낮아졌기 때문에 중앙은행들은 낮은 인플레이션을 끌어올리기 위해 고용시장을 충분히 과열시켜야만 했다. 필립스 곡선의 평탄화는 과감한 통화완화가 필요하다는 의미로 받아들여졌다. 디플레이션에서 탈출하기 위해 초저금리 정책을 펼치고 있는 중앙은행들에게 있어서 당시 아마존의 성장은 곤혹스러운 일이었을 것이다.

중앙은행은 실업률이 하락하더라도 인플레이션이 낮게 유지되고 있기 때문에 완화적인 통화정책 기조를 지속할 수 있었다. 이는 자연스럽게 자산시장에 위험선호를 높여 주식의 밸류에이션 멀티플(P/E: Price Earnings Ratio)*을 끌어올렸다. 이 기간 동안 역사적으로 주

식시장은 어김없이 거품을 형성하며 상승했다. 필립스 곡선이 작동하지 않는다는 것은, 버블이 형성되기 시작하는 조건이 만들어졌다는 의미이다.

만약 필립스 곡선이 지금도 여전히 평평한 상태라면, 반대로 인플레이션을 안정시키기 위해서는 더 과감한 통화긴축이 필요하다는 의미도 된다. 실업률이 대폭 상승해

야 인플레이션이 안정될 수 있다는 뜻이다. 다행히 저물가를 이끌었던 세계화가 후퇴하고 탈세계화가 진행되면서 필립스곡선이 다시 서서히 가팔라질 가능성이 높아졌다. 인플레이션의 경기(실업률) 민감도가 높아진다면 통화정책의 유효성도 다시 높아질 수 있다.

인플레이션의 높이는 높아지고 길이는 길어졌다

기술혁신에 의한 50~60년 장기 파동의 마지막은 공통적으로 강력한 인플레이션을 발생시키며 마무리되었다. 이 강력한 인플레이션은 새로운 기술을 통해 부를 축적하며 성장한 신흥세력과 기존 세력 간의 주도권 다툼(전쟁)으로 촉발되었다. 때로는 전염병이 나타났다. 인플레이션 정점이었던 1814년에는 '제2의 독립전쟁'이라 평가받는 미국과 영국의 1812년 미영 전쟁이 있었고, 1865년에는 미국

2장

북부 미합중국과 노예제를 지지하던 남부연합 사이의 전투였던 남북전쟁이 있었다.

　1920년의 인플레이션 정점은 독일, 오스트리아-헝가리 등의 동맹국과 미국, 영국 등의 연합국 간의 1차 세계대전과 연이어 발생한 스페인 독감의 영향이었다. 1951년의 인플레이션 정점은 공산주의와 자본주의의 대립으로 발발한 2차 세계대전과 한국전쟁 이후에 나타났다. 1982년의 인플레이션은 아랍권 국가들과 이스라엘, 그리고 이들을 지원하는 동구권과 서방국가들 사이에서 여러 차례에 걸쳐 발발한 중동전쟁과 이란 혁명 이후에 발생했다.

　각국 정부들은 전쟁이나 전염병을 극복하기 위해 인플레이션을 감수하더라도 적극적인 대규모 재정지출 정책을 펼칠 수밖에 없었다. 그 결과 정부의 부채는 급증했고, 이는 시차를 두고 강력한 인플

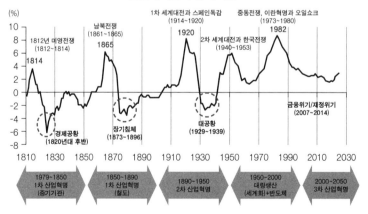

인플레이션의 장기 파동

자료: Federal Reserve Bank of Minneapolis, KB증권

레이션으로 연결되었다.

최근의 인플레이션 상승 압력도 세계화 시대에 급성장한 중국과 미국 간의 기술 패권 전쟁과 팬데믹을 거치면서 시작된 현상으로 이해할 수 있다. 보호무역주의와 보조금, 관세, 리쇼어링 등의 정책으로 비효율이 증가하면서 비용에 따른 인플레이션 압력은 점점 더 높아지고 있다.

한편 인플레이션의 추세에도 큰 변화가 나타나는데, 1930년대 대공황 이후 인플레이션은 이전보다 높이도 한 단계 더 높아지고 길이도 길어졌다. 주기적으로 나타났던 극심한 디플레이션도 사라졌다. 1930년대 대공황을 거치면서 자본주의가 디플레이션에 강하고 인플레이션에는 취약한 체질로 변했기 때문이다.

초기 자본주의는 인플레이션을 제어하는 자동 안정 장치가 작동했다. 물가가 상승하면 소비수요가 감소하면서 자연스럽게 물가가 더 상승하는 것을 막아주었고, 물가가 낮아지면 새로운 소비 수요가 생겨 물가를 반등시키면서 인플레이션의 변동성을 키웠다.

1930년대 대공황 이후 극심한 디플레이션을 극복하고자 하는 정부와 중앙은행(연준)의 역할이 강화되었다. 특히 중앙은행은 글로벌 금융위기와 팬데믹을 거치면서 양적완화(QE) 등을 통해 최종 대부자의 역할을 톡톡히 감당했다. 위기와 침체가 발생할 때마다 정부는 사회 안전망을 확보하기 위한 복지정책을 확대했다. 가난과 인종차별을 없애기 위한 1960년대 미국의 린든 존슨 대통령의 '위대한 사회(Great Society)' 정책을 통해 사회보장·실업급여·노동계약 등 복지정책의 기초가 확립되었고, 팬데믹을 거치면서 정부는 재난지원을 위해 정부지출을 적극적으로 확대했다. 그 결과 경제가 침체에 빠지더라도 사람들에게 최소한의 수요 하단을 유지할 수 있는 기반이 마련되면서, 자본주의는 점차 디플레이션과 경기 침체에 강하고 인플레이션에 취약한 형태로 변해왔다.

AI 플랫폼을 이용해서 성장하는 기업에 주목하라

기술 성장주의 주도권은 AI 플랫폼에서
점차 AI 플랫폼을 이용해서 성장하는 기업으로 바뀔 것이다.
'BIG(Bio, Information, Green Tech)' 산업 전체를
일부 담아 대형기술주 집중도를 완화해야 한다.

'기술의 시대'의 주가 상승은 특정 산업과 소수의 대형기술주에 의해 주도되고 집중된다. 불안정해 보이지만 자연스러운 현상이다. 2023년 1월부터 2024년 6월까지 1년 6개월 동안 미국의 S&P 500 지수는 42.2% 상승했다.

같은 기간 동안 S&P를 구성하는 하위 11개 업종(sector)의 수익률을 살펴보면, IT와 커뮤니케이션서비스 업종이 각각 99.9%, 94.6%로 압도적인 성과를 보였고, 이어서 경기소비업종이 48.4% 상승했다. IT 업종에는 애플, 마이크로소프트, 엔비디아 등이 속해 있고, 커뮤니케이션서비스 업종에는 알파벳과 메타가 포함되어 있다. 경기

소비 업종에는 아마존과 테슬라가 있다. 전 세계 증시를 주도하고 있는 '매그니피센트 7(Magnificent 7)*' 주식이 속해 있는 업종만 S&P 500 지수의 수익률을 상회했다는 의미다. 나머지 8개 업종은 모두 지수 수익률을 하회했다.

Magnificent 7은 2023년 이후 미국은 물론 전 세계 주식시장의 강세장을 주도하고 있는 7개의 테크 기업들인 엔비디아, 애플, 마이크로소프트, 아마존, 알파벳(구글), 메타(페이스북), 테슬라를 말한다. '아름다운' '위대한'이라는 뜻의 'magnificent'는 7인의 총잡이를 다룬 1960년대 서부 영화 '황야의 7인(Magnificent Seven)'에서 따온 것이다.

시가총액 상위 5개 기업(애플, 마이크로소프트, 엔비디아, 알파벳, 아마존)의 시가총액 비중이 25%를 넘어가면서 과열에 대한 우려도 높다. 2024년 6월 말 기준 시가총액 상위 5개 기업의 비중은 27.6%로 1964년 이후 최고치다. 시가총액 1위 기업 비중도 6~7% 수준이다. 1970~2016년의 시가총액 상위 5개 기업의 비

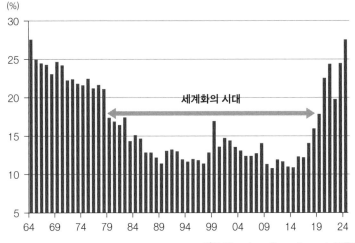

S&P 500 상위 5개 기업의 시가총액 비중

자료: Bloomberg, Bianco Research, KB증권

중은 약 15%였고, 1위 기업은 약 3% 수준이었다. 닷컴버블 당시 상위 5개 기업의 비중이 약 17%였기 때문에 과열 논란은 더 크다.

그러나 1970~2016년은 '세계화 시대'였다는 점을 감안해야 한다. 대형 기술주의 랠리라는 점에서 현재와 유사하지만 1999년 닷컴버블 당시는 세계화 시대였기 때문에 시가총액 상위 5개 기업 중 기술주는 마이크로소프트와 시스코뿐이었다. 나머지 3개 기업은 월마트, 엑손모빌, 제네럴일렉트릭(GE)으로 세계화 시대의 수혜주들이자 가치주였다. 금융업종도 시가총액 상위에 꾸준히 위치했다.

성장의 중심에 AI가 있다

'탈세계화'이자 기술의 시대였던 1920~1970년의 시가총액 상위 기업들은 모두 당시 최첨단 기술 성장주들이었다. 1920~1950년대에는 2차 산업혁명을 이끌었던 자동차(제네럴모터스)와 통신(AT&T), 1960년대에는 컴퓨터(IBM)에서 시가총액 1위가 나왔다. 그리고 1위 기업의 비중은 약 6% 전후였고, 상위 5개 기업의 비중은 약 25% 전후였다. 현재와 유사한 수준이다.

기술은 특허권에 의해 보호되며, 보편적이기보다 독점적이고 배타적이다. 어느 한 기업이 기술이나 플랫폼을 선점하면 시장에서는 자연스럽게 독과점 현상이 나타난다. 반면 세계화 시대에는 시가총액이 압도적으로 큰 기업이 나타나기 어렵다. 세계화 시대의 성장은

'기술'이 아니라 '노동과 자본'을 중심으로 일어나기 때문이다. 중국에 대규모 공장을 짓고 저가 노동력을 채용해 대량 생산하는 것은 쉬운 일은 아니지만 따라할 수 있는 일이다. 따라서 세계화 시대의 시가총액 상위였던 에너지·금융·제조업 기업들은 특정 기업이 아니라 여러 개의 글로벌 기업들이 공존하며 성장했다.

　'기술의 시대'가 펼쳐지고 있는 지금은 엔비디아를 포함한 Magnificent 7과 같은 소수 대형 기술주에 집중 투자하는 전략이 유효하다. 특히 이들은 AI 밸류체인에서 기본 인프라가 되는 하드웨어와 기초 모델 개발 경쟁에서 여전히 독점적인 지위를 가지고 있다. 다만 소수의 대형 기술주에 집중하는 투자는 서서히 이들을 포함한 AI 산업 포트폴리오로 분산해야 한다. 시간이 흐르면서 첨단기술 인프라는 점차 '유틸리티화'될 것이기 때문이다.

　1차 산업혁명의 기술 성장주였던 철도 기업, 2차 산업혁명의 최첨단 기업들이었던 전력·통신·방송 기업, 그리고 금융위기 이후 온라인 플랫폼까지, 기술의 시대 초기에는 첨단기술 플랫폼이자 인프라와 망을 까는 대규모 자금력을 갖춘 기업들이 가장 강력한 기술 성장주들이었다. 그러나 인프라가 갖춰지고 망이 깔리면 그들은 자연스럽게 '유틸리티화'되어 안정적인 배당 기업으로 바뀐다.

　시가총액 상위 5개 기업 비중이 기술의 시대 상단인 약 30% 수준에 도달하거나, Magnificent 7 기업들의 주가수익비율(P/E)이 낮아지면서 S&P 500 지수에 수렴하는 때가 소수 대형 기술주의 집중된 포트폴리오를 다변화할 시점이다. 그 시점이 가까워질수록 '넥스트 엔비디아', 즉 새로운 성장주를 찾는 시도는 활발하게 진행될 것이다. 2024년 9월 18일 기준 시가총액 상위 Top 5 기업 비중은 약 26%이며, Magnificent 7 기업들의 12개월 선행 P/E는 평균 35.2배로 S&P 500 지수 21.2배를 넉넉히 상회한다. 알파벳과 메타가 19~23배로 S&P 500 지수에 수렴해 있고, 나머지 기업들은 30배가 넘는다. 다만 테슬라(78.2배)를 제외하면 평균 28.1배로 낮아진다. 아직 시간이 남아 있지만 미리 차분하게 다변화를 구상하고 준비해두어야 하는 시점이다.

현재 시가총액 상위 기술 성장주들은 대부분 컴퓨터 하드웨어, 클라우드 플랫폼, 기초 모델 개발 등에 독점력을 지닌 AI 플랫폼(인프라) 기업들이다. 기술의 시대가 장기적으로 진행되는 동안, 기술 성장주의 주도권은 초기 'AI 플랫폼' 기업에서 점차 'AI 플랫폼을 이용'해서 성장하는 기업으로 바뀔 것이다. 지금은 생성형 AI 개발과 플랫폼 선점을 위한 경쟁이 치열하지만, 생성형 AI가 탑재된 사용자 기기(edge devices)들이 충분히 보급된 후에는 최종 소비자들에게 AI를 활용한 응용프로그램(application)이나 서비스를 제공하는 기업들이 다음 성장주의 자리를 차지하게 될 것이다.

물론 이 단계에서도 Magnificent 7이 한 발 앞서 있기는 하다. 그러나 투자 수익률 측면에서 기회는 이 분야에서 다수를 차지하고 있는 현재 소규모 기업 또는 스타트업들이 될 것이다. 과거의 경험을 생각해보면, 철도가 깔렸기 때문에 가능했던 내륙 거점 도시들의 발전이나 물류, 여행산업, 그리고 전력 사용으로 대량 생산체제를 구축했던 제조업, 통신을 기반으로 성장했던 IT 산업 등이 좋은 사례. 닷컴버블의 절정에서 시가총액 1위였던 시스코는 플랫폼을 만드는 기업이었지만 당시 2위로 밀렸던, 마이크로소프트가 플랫폼을 이용한 사업 구조로 변신하는 데 성공하면서 결국 훨씬 더 큰 기업으로 성장했다.

빅테크나 Magnificent 7 기업들도 유틸리티화 되는 것을 피하고 변신하기 위해 노력할 것이다. 자신의 AI 플랫폼에 다양한 콘텐츠를 얹거나, 콘텐츠 분야의 작지만 미래가 촉망되는 기업을 인수합병해

S&P 500 지수와 Magnificent 7 기업들의 주요 지표 비교(2024. 9. 18 기준)

	메타	아마존	알파벳	MS	애플	엔비디아	테슬라	S&P 500	IT	커뮤니케이션	경기소비	헬스케어
P/E(X, 12MF)	22.9	33.6	19.1	31.5	29.7	31.4	78.2	21.2	28.1	18.4	25.5	19.9
EPS 3년 예상 CAGR(%)	23.1	36.5	19.7	15.2	10.9	55.1	11.1	12.7	18.0	16.5	14.3	12.7
PEG(X)	1.0	0.9	1.0	2.1	2.7	0.6	7.1	1.7	1.6	1.1	1.8	1.6
P/B(X, 12MF)	6.1	5.7	5.2	8.6	43.4	20.2	9.7	4.4	9.8	3.9	7.2	4.9
자기자본이익률 (%, 12MF)	26.6	17.0	27.0	27.2	145.8	64.4	12.4	21.0	34.9	21.0	28.1	24.7
EV/EBITDA	13.0	13.3	11.9	21.0	23.9	26.8	45.0	14.5	20.2	10.2	13.9	15.8
EV/매출액	7.9	3.0	5.2	11.3	8.2	17.5	6.9	3.3	7.8	3.8	2.5	2.5
영업이익률 (%, 연간)	37.2	6.5	28.0	44.6	29.8	54.1	9.2	15.1	27.4	22.9	11.0	9.5
시가총액 (십억 USD)	1,175.3	1,956.7	936.3	3,202.2	3,355.4	2,781.0	725.8	47,185.1	14,463.7	4,168.8	4,735.5	5,705.4
연간 매출액 (십억 USD)	134.9	574.8	307.2	245.1	383.3	60.9	96.8	15,926.4	1,629.0	1,185.8	1,991.0	3,089.0

자료: Factset

AI 플랫폼 위에 얹고 성장하는 기업으로 변신할 것이다.

플랫폼 구축 이후, AI 기술을 활용한 비즈니스 중에서 궁극적으로 어떤 분야에서 어떤 기업이 성장하고 승자가 될지 예측하기는 매우 어렵다. 미래가 촉망되는 신성장 기업들은 대부분 상대적으로 규모가 작기 때문에 위험도 크다. 이럴 때는 펀드나 ETF 등을 통해 해당 산업 전체를 사야 한다. 즉 Magnificent 7과 함께 구조적 성장 산업 전반에 투자하는 펀드나 ETF를 포트폴리오에 일부 담아 소수의 대형 기술주로 쏠려 있는 포트폴리오의 집중도를 완화하고 서서히 다변화해야 한다. 이후 두각을 나타내기 시작하는 기업들을 일부 직접 포트폴리오에 조금씩 매수해가는 전략이 바람직하다.

BIG(Bio, Information, Green Tech)에 집중하라

구조적 성장산업으로는 다음과 같은 3가지 테크 산업, 즉 'BIG(Bio, Information, Green Tech)'에 집중할 필요가 있다.

▪️ Bio Tech

코로나19는 헬스케어 산업을 공공보건에서 '의료안보'의 영역으로 이동시켰다. 안보는 항상 필요한 것은 아니지만 만일의 사태에 대비해 항상 준비되어 있어야 한다. 국방과 식량처럼 특정 산업이 '안보'의 영역으로 들어오면 산업 규모는 대폭 확대된다.

바이오 의약품의 고객과 투자자도 이미 정부 주도로 바뀌고 있다. 고령화와 부양비율 상승, 치매 등 간병에 의존하는 고령자 증가 등은 헬스케어 서비스의 수요를 지속적으로 증가시킬 것이다. 새로운 치료법과 신약 개발 등은 AI와 빅데이터, 원격진료, 로봇 수술 등과 결합하며 기술 혁신을 더욱 가속화할 것이다.

∷ Information Tech

금융위기 이후 성장주가 아마존과 온라인 플랫폼으로 상징되는 'FANG'이었다면, 팬데믹 이후 현재의 성장주는 엔비디아와 인공지능(AI)으로 상징되는 'Magnificent 7'이다. 인공지능과 빅데이터는 다양한 산업의 혁신을 주도하고 있으며, 이는 IT 산업의 지속적인 성장을 견인하게 될 것이다. Magnificent 7의 AI 투자가 약해질 수 있다는 걱정이 있지만 이들은 주도권 확보를 위해 대규모 투자를 이어갈 것이다. 그럼에도 불구하고 이들의 향후 순이익 전망은 여전히 높게 유지되는 중이다.

AI 산업의 폭발적인 초기 성장이 안정적인 성장 단계로 진입하고 있다. 기술 성장주의 주도권은 초기인 현재 AI 플랫폼(인프라)을 구축하는 기업에서 점차 구축된 AI 플랫폼 기반 위에서 비즈니스를 펼치며 성장하는 기업들로 이동할 것이다. 특히 다양한 산업에서 최종 소비자에게 AI를 활용한 응용프로그램(application)과 서비스를 제공하는 기업들이 다음 성장을 주도할 것으로 예상된다. 인공지능(AI) 산업의 성장은 이제 막 초기 단계의 중반부를 지나고 있을 뿐이다.

⁝⁝ Green Tech

재정을 통해 처음 시작되었던 뉴딜처럼, 에너지 전환을 위한 주요 국의 대대적인 인프라 투자가 진행되고 있다. 신재생에너지는 발전 단가가 화석연료보다 낮아지는 '그리드 패리티(Grid parity)'에 도달하거나 도달한 지역이 많아지고 있어 경제적으로도 이미 매력적이다. 2024년 11월 치러질 미국 대선 결과에 따라 속도는 달라질 수 있겠지만 이미 태양광, 풍력, 수소 에너지, 에너지 저장 시스템, 스마트 그리드 등 에너지 전환을 위한 다양한 기술 발전은 AI의 활용도를

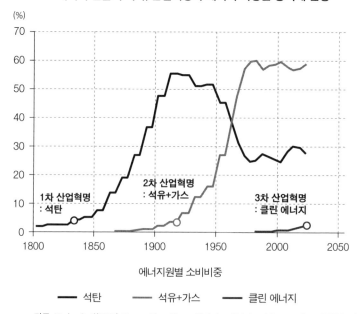

에너지 전환의 역사, 산업혁명과 에너지 혁명은 동시에 진행

에너지원별 소비비중

― 석탄　　― 석유+가스　　― 클린 에너지

자료: Vaclav Smil(2017). Energy Transitions: Global and National Perspectives. & BP Statistical Review of World Energy, KB증권

높이기 위해서도 반드시 필요한 분야다. 이들은 소재, 산업, 5G 관련 업종들로 구성되어 있어 새로운 일자리를 창출하고 경제 성장을 촉진하는 데도 중요한 역할을 한다.

다만 탈세계화와 미중 패권전쟁에 따라 친환경 에너지에 대한 협력이 어려운 상황이 당분간 이어질 수 있다. 그러므로 순수 친환경 산업에 집중하기보다는 당분간 범위를 원전과 전력설비까지 넓혀 좀 더 확장된 의미의 '에너지 전환 산업'에 투자하는 전략이 바람직해 보인다.

기술 혁명은 반드시 에너지 혁명을 동반한다. 산업혁명 시기는 에너지원이 교체되는 에너지 혁명과도 일치한다. 1차 산업혁명 당시의 석탄, 2차 산업혁명 당시의 석유와 가스는 모두 각 에너지원의 보급률 비중이 약 5%에 도달한 후에 급격하게 보급이 확대되었다. 현재는 클린 에너지가 이러한 임계점에 도달한 것으로 추정되고 있다. 인공지능(AI)에 필요한 막대한 전력을 공급하기 위해서도 에너지 혁명은 동반될 것이다. 에너지 전환은 정치적 구호가 아니라 구조적 변화일 가능성이 높다.

성장주의 주도권이 교체되고 있다. 금융위기 이후 뉴 노멀 시대의 성장주가 아마존과 온라인 플랫폼으로 상징되는 'FANG'이었다면, 팬데믹 이후 넥스트 노멀 시대의 성장주는 엔비디아와 인공지능으로 상징되는 'Magnificent 7'이다. FANG 기업들은 경제 전반의 파이를 키우기보다 다른 산업과 기업의 이익을 빼앗아 잠식하면서 성장했다. 그러나 Magnificent 7 기업들은 AI 혁신과 기술 공급을 통해 새로운 산업 수요를 창출하고 협업하면서 생태계를 만들고 경제 전반을 성장시킨다. 기술적 특이점에 도달한 생성형 AI의 활용 비용이 낮아지고 있다. 가격 인하를 통한 대중화는 생산성 향상의 중요한 변곡점이 될 것이다. 혁신 테크기업들의 미래는 낙관적이다. 이들을 이길 수 없다면 주주로 참여해야 한다. 고평가 논란은 장기적으로 매수의 기회다. 엔비디아의 시장 주도력은 약해지겠지만, 생성형 AI가 주도하는 성장주 강세는 더 넓은 범위로 확장될 것이다. AI 기능을 탑재한 사용자 기기들이 보급되기 시작하면 최종 소비자에게 AI를 활용한 응용프로그램(application)과 서비스를 제공하는 스타트업들이 다음 성장을 주도하며 시대를 대표하는 혁신 기업으로 탄생할 것이다. AI 산업의 성장은 이제 막 초기 단계의 중반부를 지나고 있을 뿐이다.

3장

메가트렌드와
성장산업에
투자하기

성장주의 주도권 교체,
이길 수 없다면 주주가 되자

> FANG은 다른 기업의 이익을 잠식하며 성장했지만,
> Magnificent 7은 생태계를 만들고 협업하며 성장한다.
> 생성형 AI는 기술적 특이점에 도달한 것으로 보인다.
> 성장주의 고평가 논란은 장기적으로 매수의 기회다.

금융위기 이후 뉴 노멀 시대의 성장주를 상징하는 그룹은 FANG 주식들이다. FANG은 Facebook(Meta), Amazon, Netflix, Google (Alphabet)의 첫 글자를 딴 것이다. 이들의 폭발적인 성장으로 미국의 시가총액 상위 5개 기업이 모두 기술주들로 채워지면서 '빅테크 (Big Tech)' '테크거인(Tech Giants)' 'FAAMG(페이스북, 애플, 아마존, 마이크로 소프트, 구글)'이라는 표현이 처음 등장했다. 'Tech Giants 5'의 주가는 2016~2020년 5년간 248%나 급등했다. 같은 기간에 미국의 대표지수인 S&P 500 지수도 84%나 상승했지만 Tech Giants의 상승률에는 미치지 못했다. 같은 기간에 한국의 KOSPI는 47% 오르는 데 그

쳤다. 팬데믹을 지나면서 성장주의 주도권이 교체되고 있다. 넥스트 노멀 시대의 성장주를 상징하는 그룹으로 떠오른 것은 '매그니피센트 7(Magnificent 7)'이다. 이들은 2023년 이후 전 세계 증시를 이끌고 있는 엔비디아, 애플, 마이크로소프트, 아마존, 알파벳(구글), 메타(페이스북), 테슬라를 말한다.

금융위기 이후 뉴 노멀 시대의 성장주가 아마존과 온라인 플랫폼으로 상징되는 'FANG'이었다면, 팬데믹 이후 넥스트 노멀 시대의 성장주는 엔비디아와 인공지능(AI)으로 상징되는 'Magnificent 7'이다. 이들은 모두 대형 기술주라는 공통점이 있지만 동일한 기업이라도 두 시기의 성장 방식은 상당히 다르다.

다른 기업들의 이익을 잠식하면서 성장한 뉴 노멀 시대의 'FANG'

'온라인 플랫폼'이면서 소위 '4차 산업혁명'을 주도하는 이 기업들은 새로운 비즈니스나 수요를 창출하면서 경제 전반의 파이를 키우기보다 기술 혁신과 온라인, 플랫폼을 무기로 여타 산업과 기업들의 이익을 잠식하면서 성장했다. 이들은 유통뿐 아니라 모든 업종의 경계를 허물었고, 주로 안정적인 오프라인 소매 시장을 공략해 점유율을 빠르게 빼앗아오는 사업전략을 취했다. 이들은 주로 먹고 입고 사는 것, 즉 생활 속으로 파고들었다.

유통업계에서 아마존은 전자상거래 시장을 확장하면서 월마트의 시장점유율을 빼앗았고, 구글과 페이스북은 인터넷광고 시장을 넓히면서 광고시장에 침투했다. 넷플릭스는 비디오 대여 체인이었던 블록버스터의 몫을 가져가면서 시장을 넓혔고, 테슬라는 전통 내연기관차들이 장악하던 자동차 시장을 가져오면서 성장했다. 특히 아마존은 진출하는 분야마다 경쟁 업체들의 주가가 폭락하며 생존을 위협받았고, 아마존의 다음 타겟이 어딘지를 고민하는 이른바 '아마존공포(Amazon-phobia)'가 여러 산업으로 확산되었다.

2016~2020년의 5년 동안 Tech Giants 5의 순이익 증가율은 연평균 18.1%에 달한다. 반면 S&P 500 기업들의 순이익은 3.6% 증가했는데, 초우량 500개 기업인 이들은 그나마 나은 편이다. GDP와 함께 발표되는 미국 전체기업들의 이익은 Tech Giants들에게 빼앗기며 같은 5년 동안 연평균 1.9% 증가하는 데 그쳤다.

저성장에도 불구하고 시가총액 상위 소수 기업들만 성장하며 주가가 상승했다. 여타 대부분의 기업들은 이익을 잠식당하며 저성장이 고착화되는 '기업의 양극화'가 진행되었다. Tech Giants이자 FANG 기업들은 말 그대로 '파괴적 혁신(Disruptive Innovation)' 기업이었던 셈이다.

이들은 '연준의 골치덩이'기도 했다. 아마존 등 대형 기술기업들의 고용은 고도의 기술력을 가진 '소수의 고임금 인력'과 물류창고를 관리하는 '다수의 저임금 인력'으로 양분된다. 아마존 물류창고에는 자회사의 로봇 '키바'가 일했다. 고객 주문이 들어오면 키바가

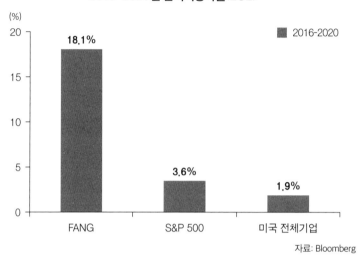

2016~2020년 순이익증가율(연평균)

(%)

18.1%

3.6%

1.9%

2016-2020

FANG　　　　　S&P 500　　　미국 전체기업

자료: Bloomberg

30분 내로 물건을 찾아온다. 사람은 그 물건을 확인하고 포장하는
일 정도만 했다. 당시 아마존은 무인 식료품점인 '아마존고(Amazon
Go)'도 열었다.

　아마존이 주도했던 '사람 의존도가 낮아지는 세상'에서는 일자리
가 줄어들고, 임금 상승은 억제되었다. 아마존이 고용을 늘려도 다
른 기업들의 고용이 감소했다. 사람들은 온라인을 통해 전 세계 어
디서든지 최저가로 구매할 수 있었기 때문에 물가는 더 낮아지는 이
른바 '아마존 효과(Amazon effect)'가 나타났다. 아마존이 열심히 일할
수록 연준의 통화정책 정상화 속도는 느려졌다. 금리가 낮아질수록
미래의 기업이익 전망을 할인할 때 적용하는 할인율이 낮아지면서
이들의 주가는 더 상승했다.

2016~2020년 사이에 투자자들에게 많이 받았던 질문 중에 하나는 "미국경제는 별로인데, 주가는 왜 계속 오르나요? 버블 아닌가요?"였다. 경제 전체의 파이는 거의 늘어나지 않는데, 시가총액 상위 소수 기업들에게 이익과 성장이 집중된 영향이다. 전체 기업들의 이익과 경제성장은 상당히 완만했지만 조금 과장하면 IT, 전자상거래 등 FANG 기업들의 주가만 오르면서 전체 지수를 가파르게 끌어올리는 구조였다.

금융위기 이후 성장주였던 FANG 주식들에 의한 기업의 양극화는 경제의 저성장·저생산성을 강화시켜 저임금·저물가 현상을 고착화시켰다. 양극화 완화와 분배를 위해 한때 로봇세와 규제 등이 논의되기도 했으나 진전은 없었다.

생태계를 만들면서 성장하는
넥스트 노멀 시대의 'Magnificent 7'

팬데믹 이후 성장주의 주도권이 '매그니피센트 7(Magnificent 7)'으로 교체되고 있다. FANG 기업들이 경제 전반의 파이를 키우기보다는 다른 산업과 기업의 이익을 빼앗아 잠식하면서 성장했다면, Magnificent 7 기업들은 AI 기술과 플랫폼을 통해 새로운 산업 수요를 창출하고, 다른 기업들과 협업하면서 생태계를 만들며 생산성을 향상시킨다.

엔비디아가 만드는 GPU(그래픽처리장치)는 AI의 학습과 운용에 적합한 반도체로 주목받으면서 여타 기업들의 수요를 촉발시켰다. 마이크로소프트, 아마존, 알파벳, 메타 모두 엔비디아 매출액의 약 40%를 책임지고 있는 주요 고객으로, 엔비디아는 GPU 공급을 통해 협력하면서 다른 산업과 기업의 파이를 키우고 있다.

인공지능(AI) 역량을 확보하기 위한 기술 경쟁은 경제 전반에 긍정적인 영향을 준다. AI 기능을 탑재한 사용자 기기(edge devices)들이 보급되기 시작하면서 스마트폰과 PC의 교체 수요도 높아질 것이다. IT 중심의 설비투자가 늘어날 것이며, 서버의 폭발적 확대로 전력 수요가 급증하면서 인프라 투자도 증가할 것이다.

미국 경제에서 건물과 구조물을 짓는 구조물 투자와 산업·운송 장비 투자가 차지하는 비중은 금융위기 이후 플랫폼 기업들의 성장과 함께 추세적으로 감소했다. 반면 무형자산인 지식재산권 투자 비중이 가파르게 증가했다. 그러나 팬데믹이 종료되고 AI 혁신 기업들이 시장을 주도하면서 지식재산권 투자의 증가세는 주춤해진 반면, 구조물 투자와 산업·운송 장비 투자가 늘기 시작했다. 2022년 하반기 이후 미국의 제조업 건설지출이 급증하는 것과 같은 맥락이다.

온라인 플랫폼과 무형자산 중심으로 성장했던 FANG 기업들과 달리, Magnificent 7이 주도하는 성장주 강세는 투자는 물론 고용 측면에서도 긍정적이다. 아마존이 중간기술을 가진 노동자들의 일자리를 감소시켰던 것처럼, AI도 결국 사람의 일자리를 줄일 것이라는 우려가 있다. 그러나 생성형 AI는 인간을 '대체'하기보다 '보조'

미국 투자, 팬데믹 이후 구조물과 산업/운송장비 투자 비중 반등

(% of GDP)

구조물
설비_산업/운송/기타
설비_정보처리
지식재산권

자료: BEA

하는 역할을 맡길 때 압도적이다. 또한 생성형 AI는 가격 측면에서 '기술적 특이점(technological singularity)'에 도달한 것으로 보인다. 기술적 특이점이란, 기술 변화 속도가 급격히 진행됨으로써 영향이 넓어지고 사람들의 생활이 되돌릴 수 없도록 변화되는 지점을 뜻한다.

의료 산업에서는 이미 혁신적인 변화가 나타나기 시작했다. 예를 들어 AI가 질병을 판독하고 진단하는 기술은 이미 존재하지만 이를 병원에 도입하려면 상당한 비용을 감수해야 했다. 그러나 챗GPT를 활용하면 월 20달러(2만 7천 원)로 정확하게 판독하고 진단하는 일이 가능해졌다. 환자와 의사와의 대화를 실시간으로 작성하고 건강 기록 시스템과 통합해 서류작업을 완료할 수 있게 되었다. 의료 기록의 작성 속도와 정확도를 높이는 목적이다. 이처럼 저렴한 비용으로 더 많은 판독과 진단, 서류 작업이 가능해지면 의료 산업 전반의 수요가 확대되면서 인적, 물적 인프라에 대한 필요는 더 늘어날 것이다.

이미 미국의 많은 대형 의료기관들이 AI 부문에 공격적으로 투자하기 시작했다. 컴퓨터 시각 처리와 AI를 결합해 외과의사가 수술 비디오를 통해 인사이트를 도출하고 조치할 수 있도록 돕는 프로그램이 가능해졌다. 생성형 AI를 통해 조기 암 발견을 위한 혈액 검사 프로그램을 개발하고, 머신러닝(ML) 기술로 방사선 치료량을 개인화하고, 암 치료의 정확도와 효과를 높이는 의사결정을 지원하는 시스템도 구축할 수 있다. 심전도 데이터를 분석하고 환자가 뇌졸중을 겪을 가능성을 예측하는 시스템도 가능하다.

물론 아직 진단이나 치료에 대한 임상적 의사결정을 AI에게 맡기는 것은 불가능하다. 그러나 AI에게 의료진을 보조하는 역할을 맡길 때 생산성 향상 효과는 가장 강력하게 나타날 것이다. 미국의 경우 의사들이 처음에는 진단 등의 분야에서 생성형 AI의 도입을 주저하는 등 회의적 시각이 많았다. 그러나 시범적으로 도입해 효용을 인식하게 되면서 이제는 도입을 적극적으로 요구하는 태도로 변하고 있다는 인터뷰 결과도 나왔다.

2023년 10월, 스탠퍼드대학교 의과대학의 로이드 마이너 학장은 〈월스트리트저널〉과의 인터뷰에서 "지금은 항생제가 도입된 이래로 가장 급진적인 변화를 맞는 시기다. 우리는 이 변화가 좋은 방향으로 이뤄지도록 해야 한다"고 언급했다. 향후 5년 뒤에는 의료 기록뿐 아니라 음식과 활동 등을 연계한, 개인화된 맞춤형 진단과 처방이 가능해질 전망이라는 것이 미국 의료계의 시각이다.

생성형 AI는 의료 산업의 일자리를 줄이는 것이 아니라 단순 반복적인 업무를 덜어내고 보다 생산적인 일에 시간을 집중할 수 있게 되면서 생산성 향상을 이끌 것이다. AI를 테스트하고 평가해 도입하기 위해서는 충분한 의료 인력이 필수적이기도 하다. 기술적 특이점에 도달한 AI의 활용 비용이 낮아지면서 과거에는 엄두를 내지 못했던 일들이 다양한 분야에서 가능해지고 있다. 대기업들만 가능했던 일들이 이제는 중소기업 또는 1인 기업도 가능한 시대가 되었다. 감소하는 일자리도 있겠지만 새로운 형태의 일자리도 지속적으로 창출될 것이다.

성장주의 고평가 논란은 장기적으로는 매수의 기회

2007년 1월, 애플이 아이폰을 공개했다. 이후 소셜미디어와 같은 새로운 산업이 형성되고 전자상거래 시장이 급속도로 확대되는 등 스마트폰 생태계가 급성장했다. 미국은 2008년 금융위기 이후 대규모 재정확대를 통해 금융위기를 벗어났지만, 2010년 중간선거를 통해 '티파티'라고 불리는 공화당의 재정 긴축론자들이 의회에 대거 진출했다. 2011년 부채한도 협상에서 재정정책 기조가 완화에서 긴축으로 전환되었고, 재정이 성장을 지원해주지 못하고 성장이 희소해지자 대형 기술성장주들이 '빅테크' 'FANG'이라 불리며 주식시장에서 초강세를 나타냈다.

현재의 투자 환경은 2007년 아이폰 출시 당시와 매우 닮아 있다. 2016년 3월 이세돌과 인공지능(AI) 알파고의 대국이 열렸고, 이후 인공지능(AI) 산업의 기술 경쟁이 시작되었다. 2020년 코로나 팬데믹이 확산되며 전 세계경제가 침체에 빠졌고, 미국은 대규모 재정확대를 통해 팬데믹을 벗어났다. 그러나 2022년 중간선거를 통해 '프리덤 코커스'라고 불리는 공화당의 재정 긴축론자들이 의회에 진출했다. 2023년 6월 일시적으로 부채한도를 중단시키긴 했으나 2024년 11월의 미국 대선 이후 새로운 부채한도 협상에 나서야 한다. 성장의 희소성이 돋보이게 되면서 생성형 AI 기술을 적용하고 수익을 창출하는 대형 기술성장주들이 'Magnificent 7'이라 불리며 주식시장에서 초강세를 나타내고 있다.

엔비디아의 창업자 겸 CEO 젠슨 황(Jensen Huang)은 2023년 3월 GTC 2023 기조연설을 통해 "인공지능(AI)의 아이폰 모먼트(iPhone moment)가 시작되었다"고 선언했다. 2007년 아이폰 출시 이후 아이폰 생태계를 기반으로 관련 비즈니스의 기회가 폭발한 것과 같은 흐름이 생성형 AI를 통해 다시 시작된다는 의미심장한 발언이었다.

AI와 빅데이터를 가진 혁신 테크기업들의 미래는 낙관적이다. 이들을 이길 수 없다면 주식 보유를 통해 주주로 참여해야 한다. 고평가 논란은 장기적으로 매수의 기회다. 현재의 인공지능 붐은 컴퓨터 하드웨어와 클라우드 플랫폼, 기초 모델 등 인프라를 구축하는 초기 단계의 중반부를 지나고 있을 뿐이다. AI 기능을 탑재한 사용자 기기들이 보급되기 시작하면, 다음 단계로 비즈니스 측면에서 최종 소비자들에게 응용프로그램과 서비스 등을 제공하고 수익을 창출하는 '새로운 또는 변신하는 기업들'이 또 다른 차세대 성장주로 등장하게 될 것이다.

흔들려도 성장주 투자를
계속 늘려야 하는 이유

생성형 AI 비즈니스의 미래는 낙관적이다.
가격 인하를 통한 대중화는 중요한 변곡점이 될 것이다.
엔비디아의 시장 주도력은 약해지겠지만
생성형 AI가 주도하는 성장주 강세는 더 넓은 범위로 확장될 것이다.

2024년 6월 18일, 엔비디아(Nvidia)가 시가총액 3조 3,350억 달러로 마이크로소프트와 애플을 제치고 S&P 500 기업 중에서 역사상 첫 시가총액 1위에 올라섰다. 엔비디아는 시가총액이 1조 달러를 넘어선 지 1년 만에 3조 달러를 넘었고, 파죽지세로 1위까지 올랐다. 이후 애플과 마이크로소프트에 이은 3위를 기록중이다.

2024년 9월 18일 기준 엔비디아의 향후 12개월 기업이익 전망 대비 주가가 얼마나 높은지를 나타내는 12개월 선행 주가수익비율(P/E)은 31배다. S&P 500의 21배, Magnificent 7 중에서 테슬라(78배)를 제외한 마이크로소프트와 애플, 알파벳(구글), 아마존, 메타의 평균 28배와 비교하면 여전히 높지만, 그나마 1년 전 60배와 비교하면 대폭 낮아졌다. 2023년 5월 하순 엔비디아가 인공지능(AI) 학습용 GPU 수요가 급증하고 있다는 이유로 매출액 실적 전망을 시장 예상보다 50% 이상 높게 제시한 이후에 12개월 선행 주당순이익(EPS)이 급증한 영향이다.

성장주에 투자할 때, 향후 12개월 이익 전망을 바탕으로 한 밸류에이션 멀티플(P/E)에 집중하면 장기 상승 기회를 놓칠 위험이 크다. 밸류에이션 멀티플(Valuation multiple)이란 일반적으로 주가수익비율(P/E: Price Earnings Ratio)을 의미하는데, 현재 주가가 순이익 대비 몇 배의 가치를 부여 받고 있는지를 나타내는 지표이며 'PER'로도 쓴다. P/E 중에서도 주로 쓰이는 12개월 선행 P/E는 현재를 기준으로 앞으로 1년 동안의 순이익 '전망'을 기준으로 산출한다. 그렇기 때문에 밸류에이션 멀티플은 주로 기업의 미래에 대한 기대를 반영하며, 멀티플이 높을수록 기업의 주가가 비싸게 평가되고 있는 것을 의미한다.

물론 2024년 이후 성장주가 단기간에 급등했고, 하반기 이후 변동성이 확대되는 등 조심할 필요가 있다. 그러나 다수의 개인투자자들이 그렇듯 민첩하게 움직일 수 없다면 '비중 축소'로 섣부르게 조정에 대비하는 전략은 오히려 장기 수익률을 낮출 수 있다. 성장이 희소할 때일수록 성장의 매력을 찾는 투자자들도 많아지기 때문에 FOMO 매수세(Fear Of Missing Out: 상승 랠리에서 소외되어 수익 기회를 놓칠까 봐 두려워서 매수하는 수요)가 유입되면서 주가 하락이 장기간 이어지기는 어렵기 때문이다.

하락 조정이 성장주 비중 확대의 기회인 이유

왜 성장주의 투자 비중을 장기적으로 꾸준히 늘려가야 하고, 또한 하락 조정을 성장주 비중 확대의 기회로 삼아야 하는 것인지 살펴보자. 다음과 같은 3가지 이유를 들 수 있다.

첫째, 성장주의 주가가 급등했지만 엔비디아를 중심으로 가격은 크게 부담스럽지 않다. 2022년 상반기 중 엔비디아는 S&P 500 편입종목 중에 시가총액 7위였다. 지금은 아마존, 메타, 알파벳 등 금융위기 이후 성장주를 상징했던 FANG의 대표 주자들을 앞지르면서 시가총액 3위를 기록 중이다. 엔비디아는 2024년 2월 22일 전일 대비 16.4% 상승하며 하루 만에 시가총액이 2,770억 달러가 증가했고, 이전에 메타가 세웠던 1,970억 달러의 기록을 경신했다. 당시 삼성전자 시가총액의 약 85%가 하루 만에 증가한 엄청난 규모다. 엔비디아는 이미 KOSPI 시가총액 합계를 넘어선 거대한 기업이지만 이번 회계연도(2024년 2월~2025년 1월)의 매출액이 지난 회계연도 대비 106.1%, 다음 회계연도는 또 43.3% 증가할 것으로 예상되는 등 전 세계에서 불고 있는 AI 열풍의 수혜를 누리고 있다. 주가만큼 가파르게 높아진 이익전망 덕분에 엔비디아의 밸류에이션 멀티플 부담은 높지 않다.

혁신테크 기업들의 가치평가는 성장성을 함께 고려해야 한다. 이때 주로 PEG 배율을 사용하는데, PEG(Price/Earnings to Growth) 배율은 P/E(주가수익비율)를 특정 기간 동안의 EPS(주당순이익)* 성장률로 나

엔비디아의 밸류에이션 멀티플 2가지

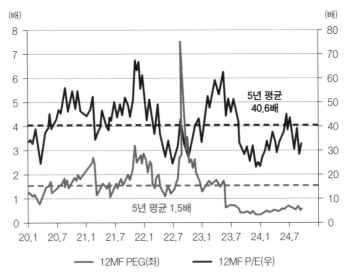

5년 평균
40.6배

5년 평균 1.5배

— 12MF PEG(좌)　　— 12MF P/E(우)

자료: Factset, KB증권

TOP3 초대형 기업 엔비디아의 매출액 전망 추이

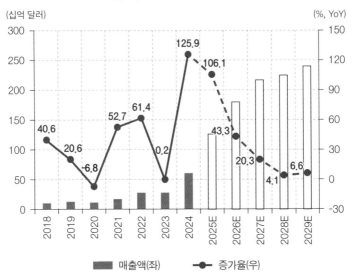

■ 매출액(좌)　　—●— 증가율(우)

자료: Factset, KB증권

뉘서 계산한다. EPS 성장률을 반영한 엔비디아의 12개월 선행 PEG 배율은 0.6배로, 엔비디아의 5년 평균(1.5배)을 크게 하회하고 있다. Magnificent 6의 평균 2.5배는 물론이고 S&P 500의 1.7배보다도 낮다.

성장주의 이익전망이 월등히 강한 덕분에, 또한 2024년 7월 하순 이후 조정으로 기대와 현실의 괴리가 좁혀지면서 성장주의 현재 멀티플 부담도 크지 않다. 12개월 선행 P/E의 t값(최근 5년 평균 기준)을 비교해보면 성장주는 상대적으로 낮은 위치에 있다. 과거의 평균적인 수준에서 거의 벗어나 있지 않다는 의미다. 성장주의 향후 이익 성장 전망이 더 높게 형성되어 있다는 점도 멀티플 부담을 낮추는 요소다.

생성형 AI 비즈니스의 미래

둘째, 생성형 AI 비즈니스의 미래는 낙관적이다. 엔비디아의 시장 주도력은 약해지겠지만 생성형 AI가 주도하는 성장주 강세는 더 넓은 범위로 확장될 것이다. 그동안 초대형 기술 기업들은 AI 서비스 개발을 위해 수많은 지식을 '학습(learning)'해서 대형언어모형(LLM)을 만드는 데 집중했다. 아이폰이 출시되고 소셜 미디어와 전자상거래 시장이 확장되는 시기를 돌아보면, 기업들은 시장을 선점해서 주도권을 확보하는 것이 얼마나 중요한지 인지하고 있기 때문이다. 어떤 상품/서비스의 수요가 그 상품/서비스를 소비하는 다른 소비자들의 수요에 영향을 받는다는 네트워크 효과(Network Effect) 측면에서, 먼저 시장에 진입해서 영향력을 확보하는 것은 매우 중요하다. 소셜미디어의 페이스북, 숙박의 에어비앤비, 운송의 우버의 성공 모두 네트워크 효과가 크게 기여했다.

AI 시대에도 시장 선점 효과는 크다. 먼저 시장에 들어와서 많은 사용자를 확보해야 '인간 피드백 기반 강화학습'(RLHF, Reinforcement Learning from Human Feedback)을 통해 AI 서비스의 품질을 높일 수 있기 때문이다. 생성형 AI는 대규모의 데이터를 사전 학습한 대형언어모델(LLM)을 기반으로 하고 있다. 엄청난 데이터를 사전 학습한 LLM은 인간과 유사하게 글을 만들 수 있다. 사용자가 많을수록 그럴 듯한 문장을 만드는 '환각(Hallucination)', 그리고 사용자의 요청이나 지시를 명확히 따르지 않는 등의 문제점을 해결하기 위해 많은 피드백을 확보할 수 있기 때문에 네트워크 효과를 충분히 활용하려면 시장 선점은 중요한 요소다. 학습에 필요한 반도체 수요는 전체 AI 반도체 수요의 약 90%를 차지하는 것으로 추정된다.

그러나 AI를 활용하는 서비스가 많아지면서 '학습'을 통해 만들어진 LLM을 활용해 사용자의 요청(질문)에 응답하도록 하는 '추론(Inference)'으로 수요가 이동했다. 또한 최근에는 학습의 단위인 파라메터 개수가 적은 LLM을 이용해서 더 낮은 비용으로 추론하는 방향으로 수요가 한 단계 더 이동했다. OpenAI의 GPT-4o mini, 구글의 Gemini 1.5 Flash 등이 중소형 LLM(또는 sLM: 소형언어모형)이다. 이들의 성능은 대형언어모형(LLM)보다 조금 낮지만 비용은 훨씬 낮아서 생성형 AI가 가격 인하를 통해 대중화되는 중요한 변곡점이 될 가능성이 높다. 더 낮은 비용으로 생성형 AI를 사용할 수 있게 되면서 기업과 개인의 AI 사용은 크게 늘어날 것이다.

훨씬 적은 연산으로 비슷한 성능을 보여주는 중소형 LLM의 활용도가 높아지는 것은, 그동안 독점력을 바탕으로 가파르게 성장했던 엔비디아에는 다소 불리한 요인이다. 클라우드 기업의 연산 수요 총량이 증가해야 엔비디아의 AI GPU 매출액도 증가하기 때문이다. 마침 엔비디아의 주요 고객으로 매출액의 약 40%를 차지하는 마이크로소프트, 아마존, 알파벳, 메타의 설비투자 증가율도 2024년 2분기가 정점이었다.

엔비디아는 AI에 특화된 GPU 시장의 약 80%를 점유하고 있다. 독보적인 성능을 바탕으로 가격 결정력을 가진 엔비디아의 향후 3년간 예상 EPS(주당순이익)의 연평균 성장률은 55.1%로 Magnificent 6의 19.4%를 압도한다. 그 영향으로 엔비디아의 주가 멀티플(P/E)이 높지 않아서 주가 상승세는 이어지겠지만 향후 엔비디아의 주도력은 약해질 가능성이 높다.

그러나 다른 대형 기술주들에는 긍정적인 요인이 되기도 한다. 먼저 파라메터 개수가 더 적어지면 클라우드를 통해 대규모 계산이 필요하지 않은 서비스가 활발하게 만들어질 것이다. 이는 직접 사용자 기기(edge device)에서 생성형 AI의 활용도가 높아진다는 의미다. 그럴 경우 아이폰 등 압도적인 숫자의 사용자 기기를 보급해서 충성도

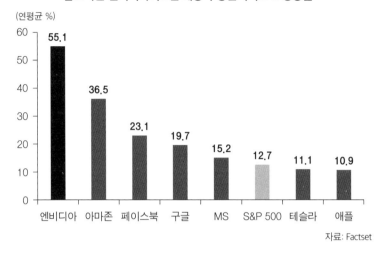

압도적인 엔비디아의 3년 예상 주당순이익(EPS) 성장률

(연평균 %)

자료: Factset

높은 고객층을 대거 보유한 애플과, 컴퓨터의 CPU를 만드는 AMD, 그리고 CPU의 전통 강자인 인텔 등이 edge AI 시대가 확장될 때 수혜를 얻을 수 있는 기업들로 추정해볼 수 있다. 생성형 AI를 활용해 생산성을 높이는 애플리케이션이 얼마나 빨리, 많이 나오는지가 관건이 될 것이다.

다음으로 아마존, 마이크로소프트, 알파벳 등 LLM 서비스를 제공하는 클라우드 플랫폼 기업에도 여전히 긍정적인 요인이다. 중소형 LLM을 사용하는 수요가 늘면 연산 수요가 줄어서 연산량에 비례하는 변동비 수익은 낮아지겠지만 생성형 AI의 수요가 커진다면 클라우드를 이용하는 고정비 수익은 증가할 것이기 때문이다.

셋째, 성장의 기운이 소진될 때는 '자사주 매입' 카드를 꺼낼 수 있다. 엔비디아의 경우, 순이익이 빠르게 증가하면서 엔비디아의 자기자본(이익잉여금)이 급속도로 쌓이고 있다. 반면 외부 자금에 의존하지 않아도 되는 상황이라서 부채는 별로 늘지 않고 있다. 지금은 매출총이익이 70%를 웃돌고 순이익률이 50%를 넘는 등 압도적인 수익성을 보여주고 있지만 AMD나 인텔과의 경쟁이 과열되면서 수익성은 점차 낮아질 것이다. 많이 쌓인 자기자본 때문에 자기자본이익률(ROE)은 점차 낮아질 전망인데, 이럴 때 미국 기업들은 자사주 매입을 통해 자기자본을 줄이고 ROE를 높이는 전략을 취해왔다. 자사주매입은 수익성이 약해진 기업의 주가가 한 번 더 상승하는 힘이 되었는데, 그 부분까지 고려하면 엔비디아 주가가 하락 추세로 전환하는 건 한동안 쉽지 않을 것이다.

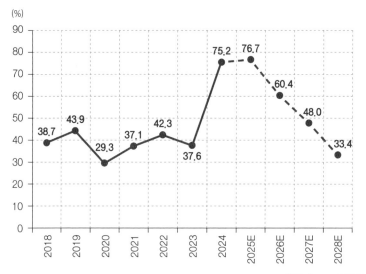

엔비디아의 자기자본이익률(ROE)

자료: Factset, KB증권

엔비디아는 2024년 8월 28일 2분기 실적과 함께 500억 달러의 자사주 매입 계획을 발표했다. 2023년 2분기에도 250억 달러의 자사주 매입 계획을 밝혔는데, 당시 직전 4개 분기의 순이익이 103억 달러였다는 점을 감안하면 향후 순이익이 크게 증가할 것이라는 자신감을 바탕으로 자사주 매입 계획을 발표했던 것으로 추정해볼 수 있다. 그러나 2024년 2분기의 500억 달러 자사주 매입 발표는 직전 4개 분기의 순이익이 530억 달러라는 점을 감안할 때 순이익 성장세가 이전처럼 가파르기는 어렵다는 점을 시사한다.

투자 기간을 늘려 목표 수익률을 달성하라

투자 수익률 공식에 따르면, 높은 투자 수익률을 얻기 위해서는 기대 수익률(r)이 높은 자산을 보유하거나 오랜 기간(t) 동안 투자해야 한다. 그러나 짧은 기간에 목표 수익률을 달성하기 위해 기대 수익률이 높은 자산에 투자하면 변동성도 함께 높아지므로 목표 수익률을 달성할 확률이 낮아진다.

따라서 투자자들은 투자 기간을 늘려서 목표 수익률을 달성하는 장기 투자를 추구한다. 제레미 시겔 펜실베이니아대 교수는 '주식 위험 프리미엄은 주식의 단기 변동성에 대한 대가'라고 정의하면서, 주식을 장기 투자하면 주가 변동성을 낮추면서 위험 프리미엄을 확보할 수 있다는 것을 보여줬다. 그러나 장기 보유하는 동안 생기는 변동성을 이겨내지 못해서 장기 투자에 따른 효익을 누리지 못하는 경우가 많다.

　성장주의 조정이 간헐적으로 나타나더라도, 성장주 비중을 늘려가는 전략이 적절하다고 판단한다. AI 관련 중장기 성장 기대가 성장주 주가 하락폭을 제한할 수 있기 때문이다. 미국 주식은 AI의 수혜 업종인 소프트웨어, 반도체, 미디어·엔터테인먼트 업종 등을 중심으로 강한 서프라이즈가 확인되었고, 과거에 비해 큰 폭의 이익 전망 상향 조정이 진행되고 있다. 가격 부담과 AI 등 설비투자 증가율 정점 우려, 엔비디아의 주도력 약화, 시장의 기대에 부합하지 않는 연준의 기준금리 인하 속도 등 성장주 조정의 이유들이 이익 펀더멘털에 대한 시장 기대까지 훼손하지는 않을 것이다. 생성형 AI가 주도하는 성장주 강세는 가격 인하를 통한 대중화를 계기로 더 넓은 범위로 확장될 것이다. 오히려 성장주의 조정은 엔비디아와 소수 대형 기술주에 집중되었던 포트폴리오의 쏠림을 일부 완화하는 기회가 될 수 있다. 성장주의 투자 비중을 장기적으로 꾸준히 늘려가야 하며, 하락 조정은 성장주의 비중 확대 기회로 삼아야 할 것이다.

AI 밸류체인에서 찾는
미래의 투자 기회

향후 시대를 대표하는 AI 혁신 기업은 '응용프로그램'과
'서비스' 스타트업에서 탄생할 가능성이 높다.
AI 산업의 성장은 이제 막 초기 단계의
중반부를 지나고 있을 뿐이다.

생성형 AI의 등장은 기술 산업뿐 아니라 다양한 산업에서 혁신과 생산성 향상을 이끌어내면서 경제 전반에 새로운 변화를 예고하고 있다. 변화의 중심에 있는 생성형 AI의 밸류체인(value chain)의 구조를 이해하는 것은 생성형 AI 기술의 전체적인 흐름과 각 단계별 중요성, 그리고 향후 어떤 분야에서 미래의 투자 기회를 찾아야 하는지를 고민하는 측면에서도 도움이 된다.

'생성형 AI 밸류체인'이란 생성형 AI 기술과 관련된 컨텐츠, 데이터 또는 제품과 서비스를 만드는 과정에서 가치를 창출하는 모든 단계를 의미한다. 다양한 분류 방법이 있지만, 세계적인 컨설팅 기업

생성형 AI 밸류체인과 관련 기업, 그리고 기회

생성형 AI 밸류체인		관련 기업	향후 3~5년 내 신규 진입자를 위한 기회 규모
6단계 서비스	생성형 AI를 활용하는 방법에 대한 전문 지식(예: 교육, 피드백, 강화 학습) 관련 서비스	OpenAI, Anthropic, Jasper AI, Midjourney, ServiceNow, UiPath, IBM Watson	
5단계 응용프로그램	AI 기술을 실제 사용 가능한 형태로 구현한 것. 기초 모델을 그대로 사용하거나 특정 사용 사례에 맞게 미세 조정된 B2B 또는 B2C 제품	MS, Google, Apple, Meta, Adobe, Salesforce, Harvey, Jasper, Copy.ai	
4단계 모델허브 및 머신러닝 운영	AI 모델을 관리하고 운영하는 시스템. 기초 모델을 큐레이션, 호스팅, 미세 조정 또는 관리하는 도구(예: 응용프로그램과 기초 모델 간의 중개 플랫폼)	AWS, Hugging Face, Databricks, Weights & Biases, MLflow	
3단계 기초 모델	대형언어모형(LLM) 등 AI의 핵심 기술. 생성형 AI 응용프로그램을 구축할 수 있는 핵심 모델	OpenAI, Google, Meta, Cohere, Anthropic, AI21	
2단계 클라우드 플랫폼	AI 서비스를 제공하기 위한 인프라. 컴퓨터 하드웨어에 대한 접근을 제공하는 플랫폼	AWS, MS Azure, GCP(Google Cloud Platform), IBM Cloud	
1단계 컴퓨터 하드웨어	AI 모델을 훈련하고 실행하는 데 최적화된 가속기 칩(accelerator chips) 등 컴퓨터 장비	Nvidia, Google, TSMC, AMD	

자료: Mckinsey & Company 일부 인용

154

맥킨지가 분류한 방법을 기준으로 살펴보자.

매킨지는 생성형 AI 밸류체인을 6단계로 분류했는데, 기초가 되는 컴퓨터 하드웨어에서부터 클라우드 플랫폼, 기초 모델, 모델 허브 및 머신러닝 운영(MLOps), 응용프로그램(Application), 그리고 최종 서비스까지 단계별로 구성된다. 밸류체인의 각 단계는 AI 시스템이 유용한 결과물을 만들어내는 데 기여한다.

여기서 소개하는 관련 기업의 단계별 표기 위치는 각 기업의 주요 역할을 기준으로 한 것이다. 많은 기업들이 여러 단계에서 동시에 활동하고 있다. 예를 들어 구글은 컴퓨터 하드웨어(TPU), 클라우드 플랫폼(GCP), 기초 모델(PaLM, BERT), 응용프로그램 등 거의 모든 단계에서 AI 생태계에 참여하고 있다. 주요 단계별로 개략적인 내용과 관련 기업들은 다음과 같다.

AI 밸류체인의 6단계

▪▪ 1단계: 컴퓨터 하드웨어(Computer hardware)

생성형 AI 모델의 훈련과 실행을 위해서는 고성능 컴퓨팅 자원이 필수적이다. 주로 GPU(Graphics Processing Unit, 그래픽 처리 장치)와 TPU(Tensor Processing Unit, 텐서 처리 장치) 같은 특수 하드웨어는 많은 계산을 빠르게 할 수 있어서 AI 모델의 효율성과 성능을 극대화하는 역할을 한다.

엔비디아와 구글이 칩 설계 시장을 지배하고 있고, TSMC(Taiwan Semiconductor Manufacturing Company)가 거의 모든 가속기 칩을 생산한다. 엔비디아는 GPU 시장의 선두주자로, AI 모델 학습에 필수적인 고성능 GPU를 제공한다. 구글의 TPU는 AI 연산을 가속화해 학습 시간을 단축시키고 있다.

▪️ 2단계: 클라우드 플랫폼(Cloud platforms)

컴퓨터 하드웨어 자원을 클라우드 환경에서 제공해, 기업들이 대규모 컴퓨팅 파워를 쉽게 접근하고 관리할 수 있도록 만든다. AI 서비스를 제공하기 위한 인프라이자, 컴퓨터 하드웨어에 대한 접근을 제공하는 플랫폼을 의미한다.

대규모 AI 모델의 훈련과 배포는 막대한 계산 자원과 비용이 들기 때문에 이를 기업 내부의 데이터센터나 서버에 직접 설치하고 관리하는 '온프레미스(On-Premises)' 방식으로 운영한다면 비용이 매우 많이 든다. 아마존 웹서비스(AWS), 마이크로소프트 Azure, GCP(Google Cloud Platform) 등 세계 최대의 클라우드 서비스 제공업체들은 이러한 계산 자원을 클라우드 환경에서 제공해 AI 모델의 훈련과 배포를 지원하는 역할로 생성형 AI의 밸류체인에 참여하고 있다. AI 밸류체인의 2단계인 클라우드 플랫폼은 AI 기술을 더 많은 기업이 활용할 수 있도록 만든다.

■■ 3단계: 기초 모델(Foundation models)

기초 모델은 생성형 AI의 핵심 기술이다. 다양한 작업을 수행할 수 있도록 사전에 훈련된 대형언어모형(LLM) 등 대규모 AI 모델을 의미한다. 기초 모델이 개발되면 누구나 그 위에 응용프로그램을 얹어서 컨텐츠 생성 기능을 활용할 수 있다.

이 모델들은 텍스트 생성, 이미지 생성 등 다양한 컨텐츠를 만들어낼 수 있으며, 특정 작업에 맞게 추가 훈련 및 조정될 수 있다. 예를 들면 Open AI의 GPT-3, GPT-4가 기초 모델이며, 그 기초 모델 위에서 챗봇인 챗GPT부터 소프트웨어 생성기 Jasper와 Copy. ai에 이르기까지 수십 개의 응용프로그램을 구동할 수 있다. 기초 모델로는 구글의 PaLM과 버트(BERT), 그리고 메타의 라마(LLaMA), Anthropic의 Constitutional AI 등이 있다. 기초 모델 훈련에는 절차를 반복하기 위해 상당한 계산 자원과 비용이 소요된다.

■■ 4단계: 모델허브 및 머신러닝 운영(Model hubs and MLOps)

AI 모델을 관리하고 운영하는 시스템을 의미한다. 3단계인 기초 모델 위에 5단계인 응용프로그램을 구축하려면 2가지가 필요하다. 첫 번째로는 기초 모델을 저장하고 접근할 수 있는 플랫폼인 모델 허브가 필요하고, 두 번째로는 기초 모델을 특정 응용프로그램에 맞게 미세조정하고 배포하기 위한 운영 도구인 MLOps가 필요하다. 말하자면, 기초 모델과 응용프로그램 간의 중개 플랫폼인 셈이다. 일반적으로 모든 클라우드 제공업체는 일정 수준의 MLOps 도구와 서비스를 제공한다. 그러나 그 외에도 Hugging Face와 같은 모델 허브는 다양한 오픈소스 AI 모델을 제공하고, 모델의 저장·관리·미세조정을 지원한다. Weights & Biases와 Databricks는 머신러닝 실험 추적, 모델 최적화, 배포를 지원하는 MLOps(머신러닝 운영) 도구를 제공해 AI 개발 과정을 효율적으로 만든다. 이러한 도구들은 AI 모델의 품질을 높이고, 개발 시간을 단축시키는 데 필수적이다. 생성형 AI 기술을 활용하고 싶지만 그렇게 하기 어려운 '사내 인력과 인프라가 부족한 회사'의 격차를 메워주는 역할을 한다.

▪▪ 5단계: 응용프로그램(Applications)

AI 기술을 실제 사용 가능한 형태로 구현해 특정 작업을 수행하는 애플리케이션이다. 기초 모델을 그대로 사용하거나 특정 사용 사례에 맞게 미세 조정한 B2B 또는 B2C 제품이 이 단계에 속한다. 생성형 AI를 활용한 응용프로그램은 마케팅 컨텐츠 생성, 고객 서비스 자동화, 데이터 분석 등 다양한 분야에서 활용될 수 있다.

Jasper와 Copy.ai는 마케팅 컨텐츠 생성을 자동화하는 도구를 제공하며, Salesforce는 CRM 시스템에 생성형 AI를 통합해 고객 서비스와 마케팅을 자동화하고 있다. Harvey는 기초 모델보다 훨씬 더 나은 법률 문서를 생성할 수 있도록 한다. 응용프로그램이 우선적으로 적용될 수 있는 분야로는 소프트웨어 개발 등 IT 분야, 마케팅 분야, 가상 비서 등 고객 서비스 분야, 생명과학 기업의 약품 등 제품 개발 분야, 미디어 및 엔터테인먼트 분야 등이 될 것이다.

▪️6단계: 서비스(Services)

생성형 AI를 활용하는 방법에 대한 전문 지식(예: 교육, 피드백, 강화 학습) 관련 서비스를 의미한다. 예를 들면, 고객의 서비스 워크플로에 생성형 AI를 적용하는 방법, 효과적인 피드백 시스템을 구축하는 방법, 약품 연구를 위해 생성형 AI를 사용하는 방법을 제약회사에 안내하는 것 등 생성형 AI를 적용하기 위한 전문 지식을 서비스하는 단계다.

ServiceNow와 UiPath는 생성형 AI를 활용해 IT 서비스 관리와 로보틱 프로세스 자동화(RPA)를 개선하고 있다. IBM Watson은 의료, 금융 등 여러 분야에서 AI 기반 비즈니스 솔루션을 제공해 고객 지원과 문제 해결을 자동화한다.

시대를 대표할 AI 혁신 기업

주목할 것은, 현재 금융시장의 관심은 주로 AI 밸류체인 하위 '기본 3단계'인 컴퓨터 하드웨어, 클라우드 플랫폼, 기초 모델에 집중되어 있다는 점이다. 현재 생성형 AI의 최대 수혜주도 대부분 엔비디아, 마이크로소프트, 구글 등 기본 3단계에 속한 자금력이 큰 초대형 기술주들, 즉 Magnificent 7이다. AI 인프라 또는 플랫폼 기업들이다. 기술 성장주의 주도권은 초기인 현재 AI 플랫폼(인프라)을 구축하는 기업에서 점차 구축된 AI 플랫폼 기반 위에서 비즈니스를 펼치며 성장하는 기업들로 이동할 것이다. 향후 3~5년 내 신규 진입자를 위한 기회의 크기는 밸류체인 상위의 '비즈니스 3단계'인 서비스, 응용 프로그램(application), 모델허브 및 머신러닝 운영(MLOps)이 훨씬 크다.

생성형 AI를 활용한 다양한 응용프로그램(Application) 예시

형식(Modality)	응용프로그램	활용 사례
텍스트(Text)	컨텐츠 작성	마케팅: 개인화된 이메일 또는 게시물 작성 인재: 면접 질문, 직무 설명 초안 작성
	챗봇 또는 어시스턴트	고객 서비스: 챗봇을 사용하여 웹사이트의 전환율 높이기
	검색	자연스러운 웹 검색 개선 기업 지식: 내부 검색 도구 향상
	분석 및 종합	영업: 고객 상호작용을 분석하여 통찰력 도출 리스크 및 법률: 규제 문서 요약
코드(Code)	코드 생성	IT: 자동 코드 추천을 통한 애플리케이션 개발 및 품질 가속화
	애플리케이션 프로토타입 및 디자인	IT: 사용자 인터페이스 디자인의 빠른 생성
	데이터 세트 생성	AI 모델 품질 향상을 위한 합성 데이터 세트 생성
이미지(Image)	스톡 이미지 생성기	마케팅 및 영업: 독창적인 미디어 생성
	이미지 편집기	마케팅 및 영업: 컨텐츠 개인화의 빠른 수행
오디오(Audio)	텍스트 음성 변환	교육: 교육용 음성 해설 만들기
	사운드 생성	엔터테인먼트: 저작권 문제없는 맞춤형 사운드 생성
	오디오 편집	엔터테인먼트: 재녹음 없이 팟캐스트 편집
3D 또는 기타	3D 객체 생성	비디오 게임: 장면 및 캐릭터 작성 디지털 표현: 인테리어 디자인 모형 및 가상 무대 디자인 제작

3D 또는 기타	제품 디자인 및 발견	제조: 소재 디자인 설계 최적화 신약 개발: 연구개발(R&D) 과정 가속화
비디오(Video)	동영상 생성	엔터테인먼트: TikTok용 짧은 동영상 생성 교육 또는 학습: AI 아바타를 사용한 교육 동영상 또는 기업 프리젠테이션 만들기
	동영상 편집	엔터테인먼트: 소셜 미디어용 동영상 단축 전자상거래: 일반 동영상에 개인화 추가 엔터테인먼트: 배경 이미지 및 소음 제거
	음성 번역 및 조정	비디오 더빙: AI 생성 또는 원어민 목소리로 새로운 언어로 번역 실시간 번역: 기업 회의, 화상 회의를 위한 실시간 번역 음성 복제: 고령 등 스튜디오 효과를 위한 배우 목소리 복제
	얼굴 교환 및 조정	가상 효과: 빠른 노화, 디에이징, 화장, 가발 및 보철 수정 립싱크 또는 비주얼 더빙: 포스트 프로덕션에서 여러 언어 또는 릴스를 위한 동영상 편집 얼굴 교환 및 딥페이크 비주얼 효과 화상 회의: 실시간 시선 교정

자료: Mckinsey & Company

　　과거 산업혁명 시대의 경험을 돌이켜보면, 초기의 성장 기업은 철도, 전력, 통신, 인터넷 등 인프라와 플랫폼을 구축하는 자금력이 풍부한 대기업들이었다. 그러나 깔려진 인프라와 플랫폼을 기반으로 이후 그 위에서 매력적인 아이디어로 비즈니스를 하는 소규모 스타트업들이 폭발적인 성장을 보였고, 시대를 대표하는 기업으로 오랫동안 자리매김했다. 궁극적으로는 이들이 산업혁명과 생산성 향상의 최종 승자들이었다. 엔비디아를 초기 인터넷 혁명 당시의 시스코와 같은 인프라 기업과 비교하는 시각이 많은 것도 같은 맥락이다.

생성형 AI 관련 기업들이 대규모 AI 투자의 지속성과 수익성에 대한 현실 자각으로 한 차례 큰 조정을 겪었다. AI 산업이 폭발적인 초기 성장에서 안정적인 성장 단계로 진입하고 있다. AI 밸류체인의 하위 '기본 3단계' 기업들에게서 초기의 폭발적인 성장을 계속 기대하거나 거품 붕괴로 생성형 AI 시장이 끝났다고 이야기하기보다는, 향후 생성형 AI의 진정한 승자로 성장할 소규모 스타트업들이 포진되어 있는 밸류체인 상위 '비즈니스 3단계' 산업에 집중하는 것이 미래의 투자 기회를 위해 도움이 될 것이다.

다양한 산업에서 최종 소비자에게 생성형 AI를 활용한 응용프로그램과 서비스를 제공하는 기업들이 다음 성장을 주도할 것이며, 이 단계에서 향후 시대를 대표하는 혁신성장 기업이 탄생할 가능성이 높다. 인공지능(AI) 산업의 성장은 이제 막 초기 단계의 중반부를 지나고 있을 뿐이다.

AI 기술을 활용한 수익 창출을 현실화하고 있는 기업들

마이크로소프트와 세일즈포스의 사례를 감안할 때,
AI 기술을 활용한 수익 창출 기대는 이미 현실이 되고 있다.
애플의 전기차 포기는 '메타버스'에서
'AI'로 급선회한 메타의 사례와 유사하다.

2022년 11월 말 챗GPT가 처음 선보인 이후 대중들은 다양한 경로로 AI의 효능감을 체감하는 중이다. 2023년 5월 발표된 엔비디아의 실적 전망은 AI 시장에 대한 성장 기대를 한껏 높였다. AI 시장에서 뒤처졌던 AMD와 구글-딥마인드가 경쟁의 채비를 갖추면서 시장 확대 기대가 더욱 높아지기도 했다.

AI 시장 성장을 스마트폰 시장과 비교하는 경우가 많은데, AI 시장의 성장 기대는 스마트폰보다 빠르게 현실화될 가능성이 높다. 그 이유는 다음과 같다.

첫째, 소프트웨어 혁명 속도는 하드웨어보다 빠르다. 스마트폰과 같은 하드웨어는 보급에 시간이 걸리기 마련이다. 스마트폰은 필수 가전제품 중에서 교체주기가 짧은 편이지만, 피처폰에 익숙하거나 고가의 스마트폰에 부담을 느껴서 변화를 미뤘던 사용자들 때문에 보급에는 시간이 소요된다. 스마트폰이 보급된 이후에 나타난 소셜 미디어(SNS) 혁명까지는 그래서 시간이 필요했다. 반면 AI와 같은 소프트웨어는 하드웨어 교체 없이 변화를 적용하는 것이 수월하다. 기업용 소프트웨어는 계약기간의 제약을 받지만, 스마트폰 교체주기에 비해서는 계약기간이 짧기 때문이다. 소프트웨어 기업들이 재빠르게 AI 기능을 추가해서 기업들의 소프트웨어 계약 가격 인상 부담을 덜 느끼게 해주려고 노력하고 있기도 하다.

둘째, 익숙한 기존 서비스에 AI 기능이 더해지고 있다. 마이크로소프트 365 같이 기존에 사용자들이 익숙한 도구에 AI 기능을 추가한 코파일럿처럼, AI 혁명은 변화의 장벽이 높지 않다. 변화에 둔감한 사람들도 손쉽게 변화를 받아들일 수 있어서 AI 시장 확장 속도를 높이는 데 기여하고 있다.

셋째, 대형 기술기업들이 기존 성장의 법칙을 재활용하고 있다. 마이크로소프트가 지분을 투자한 OpenAI가 GPT 스토어를 개장했다. 앱스토어와 구글플레이 같은 앱 중개 시장에서 높은 수수료 수익을 거두고 있는 애플과 구글처럼, OpenAI도 GPT 스토어를 수익 모델로 삼을 전망이다. OpenAI가 챗GPT Plus를 구독서비스로 만든 것이나 마이크로소프트가 코파일럿을 구독서비스로 추가한 것 역시 기존 수익 모델을 적용한 사례다. AI 사업의 수익화가 신속하게 진행되면 다음 단계로 가기 위한 투자도 빠르게 진행되면서 시장 성장세가 빨라지고, 다음 혁명이 나오는 데까지 걸리는 시간도 단축될 전망이다.

AI 기술을 활용한 수익 창출을 현실화한 마이크로소프트

'기업들이 언제부터 AI 기술을 활용해서 수익을 올릴 수 있을 것인가'에 시장의 관심이 집중되고 있는 가운데, 마이크로소프트(MS)와 세일즈포스의 사례는 AI 기술을 활용한 수익 창출 기대가 이미 현실이 되고 있다는 것을 보여주고 있다. 연례 파트너사 컨퍼런스인 '인스파이어 2023'에서 마이크로소프트는 AI 기능을 탑재한 마이크로소프트 365(MS 365, MS 오피스 소프트웨어) 기업 버전의 1인당 월간 과금액을 30달러로 책정해 발표했다. AI 기능을 탑재한 MS 365인 'MS 365 코파일럿'은 AI 기술을 이용해서 사용자의 간단한 요청만으로 MS워드 문서를 MS파워포인트 프레젠테이션으로 전환해주거나, MS 아웃룩에서 이메일을 요약하고, MS엑셀 스프레드시트에서 사용자가 원하는 분석 작업을 할 수 있는 기능을 탑재했다.

1인당 30달러로 책정된 'MS 365 코파일럿'은 MS가 현재 제공하는 생산성 소프트웨어 중에 가장 낮은 버전의 2배 가격이다. 그리고 챗GPT를 적용한 챗봇인 'Bing Chat'을 기업용으로 따로 만들어서 'Bing Chat 엔터프라이즈'로 공개했다.

챗GPT를 통해 검색을 하면 기업의 예민한 정보가 유출될 수 있다는 우려가 높았으나, 'Bing Chat 엔터프라이즈'를 사용하면 검색 문의와 결과 모두 기록에 남지 않아서 기업이 보안을 유지하면서 사용할 수 있다는 것이 MS의 설명이다. MS 엔터프라이즈와 비즈니스 고객은 별도 비용 없이 사용할 수 있지만, 'Bing Chat 엔터프라이즈'만 별도로 구독하면 월간 5달러를 내야 한다.

기업용 소프트웨어에서 MS와 경쟁하고 있는 세일즈포스 역시 2023년 8월부터 가격을 약 9% 인상했다. 7년 만에 가격을 올릴 수 있게 된 계기는 생성형 AI 기능을 탑재했기 때문인데, AI 기능을 탑재해서 직원들의 생산성을 크게 높일 수 있다면 임금이 많이 오른 지금의 환경이 기술 기업들에는 AI 기능에 높은 가격을 매길 수 있는 좋은 기회가 될 것이다.

애플의 전기차 포기는 메타의 사례와 유사

2024년 2월 말, 블룸버그는 애플이 전기차 개발 프로젝트를 종료하기로 결정했다고 보도했다. 이 보도에 따르면, 타이탄(Titan)으로 알려진 애플의 전기차 개발 프로젝트가 종료되었으며, 약 2천 명이 근무하고 있는 전기차 개발 부서의 많은 인력이 인공지능(AI) 부문으로 전환 배치될 예정이라고 알려졌다. 애플이 최근 들어 더 집중하고 있는 생성형AI에서 성과를 내기 위해 인력을 재배치하는 특단의 결정을 내린 것으로 보인다.

시장의 기대를 한 몸에 받았던 애플의 전기차 개발은 계속 출시 일정이 연기되어 왔다. 2026년으로 한 번 밀렸던 전기차 출시 일정을 2028년으로 또 다시 연장한다는 계획이 2024년 1월 말 보도되었으며, 2014년에 자율주행 최고 단계인 레벨 5를 목표로 준비를 시작했지만 레벨 4로 목표를 한 단계 낮췄던 애플은 2024년 1월에 레벨 2+(운전자가 도로에 주의를 기울이고 언제라도 개입해야 하는 단계로, 테슬라의 오토파일럿과 같은 수준)로 다시 목표를 낮춘 것으로 알려졌다. 자율주행 목표를 낮추면서 전기차 출시 일정을 연기했다는 소식이 들린 지 채 한 달이 되지 않아 전기차 개발 프로젝트를 종료한다는 보도가 나왔다. 회사의 역량을 AI에 집중해야 한다는 절박함과 함께, 결국 AI 기술을 고도화해야 자율주행 목표에 도달할 수 있다는 현실을 반영한 결과로 추정된다.

비슷한 사례를 메타에서 찾아볼 수 있다. 메타는 '메타버스'의 선구자가 되겠다는 목표와 함께, 사명도 '페이스북'에서 '메타'로 변경했다. 그러나 메타버스 플랫폼 개발 사업부문인 리얼리티 랩스(Reality Labs)는 2021년과 2022년에 각각 102억 달러와 137억 달러의 손실을 기록했다. 이후 2022년 11월 말에 1만 명을 감원했고, 2023년 3월 14일에 1만 명의 추가 감원을 발표하면서 마크 저커버그 메타 CEO는 메타버스에서 AI로의 방향성 전환을 선언했다. 이미 2023년 2월에 파라미터 130억 개를 가진 대형언어모형(LLM) 라마(LLaMA)를 공개했던 메타는 같은 해 7월에 파라미터 700억 개를 가진 라마

2를 발표했다.

이에 2022년 3분기에 바닥을 형성했던 메타의 주당순이익(EPS)은 2023년 들어서 급증하기 시작했고, 2023년 3분기에는 4.39달러를 기록하며 2020년 4분기 주당순이익 3.87달러를 넘어섰다. 회사 역량을 AI에 집중해야 한다는 절박함과 함께, 결국에는 AI 기술을 고도화해야 메타버스를 구현할 수 있다는 판단이 더해지면서 AI로 전략을 급선회한 결과다. 2023년 3월 14일에 AI로의 전략 전환을 공식화하던 당시 200달러 부근이었던 메타 주가는 현재 550달러를 넘나들 정도로 상승했고, 시가총액 순위도 1년 전 8위에서 5~6위로 뛰어올랐다.

AI에서 반격을 준비하는 애플

애플은 2024년 1월 12일, 마이크로소프트에게 한때 시가총액 1위 자리를 내주었다. 애플은 중국 시장을 지키기 위해 노력하는 것도 중요하지만, AI 시장에서 뒤처지고 있다는 인식을 해소하는 것이 급선무다. 2023년 세계개발자회의(WWDC)에서 비전프로(Vision Pro)를 공개했던 애플은 2024년에는 'AI 전용 앱스토어'를 공개했다.

애플은 2023년 모든 기업 중 가장 많은 AI 스타트업을 인수했다. 애플은 이미 AI 밸류체인에서 가장 중요하고 폭발적인 성장이 예상되는 응용프로그램(application) 단계의 최강자다. 대규모 데이터센터를 확보하고 있는 마이크로소프트, 메타, 알파벳, 아마존 등과 비교하면 애플이 AI 시장에서 보여준 것이 없다는 평가가 많지만 애플은 아이폰, 아이패드, 맥, 맥북 등과 같이 수많은 사용자 기기(edge devices)를 이용한 엣지 AI(Edge AI) 시장을 공략하기에 최적의 위치에 있다. 애플 기기에서 AI 기능을 사용할 수 있도록 하는 다양한 AI 앱들이 나올 수 있도록 하고, 이를 통해 애플 기기에서 AI 활용도를 높이고 AI 앱 판매를 중개해서 수익을 내려 할 전망이다. 순식간에 AI 시장에서 애플의 존재감이 빠르게 커질 수 있다고 보는 이유다.

애플은 자체 거대언어모형(LLM)인 페럿(Ferret)을 개발했지만, 구글의 제미나이(Gemini)와 바이두의 어니봇(ERNIE bot)의 아이폰 탑재를 논의 중이다. 해외 LLM을 사용하지 못하는 중국 정부의 규제 때문에 중국에서 판매하는 아이폰에는 어니봇 사용이 불가피하지만, 중국 이외 지역에서도 애플이 자체 LLM만 고집하지 않을 가능성이 있다. 오히려 각 LLM별로 가진 강점을 AI 앱들이 이용할 수 있도록 해서 애플 사용자 기기의 활용도를 높일 수 있을 것이다. AI 기대를 높인다면, 아이폰과 같은 애플 사용자 기기에서 AI 활용도를 극대화하기 위해 하드웨어 혁신에 나설 수 있다는 기대와 함께, 2025년부터 애플 사용자 기기의 교체가 대거 이뤄질 수 있다는 기대 또한 높아질 전망이다.

미국 IT 업종의 하위 산업그룹 3개는 각각 시가총액 1위 애플(하드웨어), 2위 마이크로소프트(소프트웨어), 3위 엔비디아(반도체/장비)로 구성되어 있는데, 마이크로소프트와 엔비디아에 이어 애플이 IT 업종의 상승세를 이어갈 전망이다. 애플은 2024년 6월에 열린 세계개발 자회의(WWDC)에서 시리(Siri)를 업그레이드한 iOS 업데이트와 함께 AI 시장을 향한 대대적인 공세에 나섰다. AI 시장 확대를 예상하지 만 성장주를 늘리지 못한 투자자들은 애플의 비중을 늘리는 것이 하 나의 대안이 될 수 있을 것이다.

엣지 AI에서 기회를 찾는 엔비디아 경쟁자들

사용자 기기(edge devices)에서 구동할 때는 대형언어모형(LLM)보다 소형언어모형(sLM)이 더 적합하다. 그래서 최근에 새로운 언어모형 (LM)을 내놓는 기업들은 대부분 LLM과 sLM을 동시에 공개하고 있 다. 엣지 AI(온-디바이스 AI)시장이 확대될 거라는 기대가 있기 때문이 다. 엣지 AI 시장이 확대되면 필연적으로 높아지는 요구는 '저전력' 인데, 사용자가 들고 다니는 기기에서 AI 연산이 수행되면 전력 소 모가 많아질 수밖에 없기 때문이다.

2024년 2월 손 마사요시(손정의) 소프트뱅크 회장이 1천억 달러의 반도체 회사 설립 계획을 갖고 있다는 것이 알려졌다. 소프트뱅크가 90%의 지분을 보유하고 있는 영국의 반도체 설계업체 ARM은 저 전력의 강점을 보유하고 있다. 지금은 AI 반도체 시장을 엔비디아 가 장악하고 있지만, 온-디바이스 시장이 확장되면 ARM에게 기회 가 있다고 판단했다는 평가다. 그동안 AI 경쟁력이 뒤처졌다고 여겨지는 애플도 엣지 AI 시장에서 의미 있는 움직임을 보일 가능성이 높다.

다른 반도체 회사들과는 달리, 반도체부터 사용자 기기(아이폰, 맥북, 아이패드 등)까지 모두 설계하는 애플은 엣지 AI 시장에서 자사의 역량을 극대화할 가능성이 가장 높은 경쟁자다. 애플이 설계하는 칩은 ARM에 기반하고 있기도 하다. 약 15억 명이 아이폰을 사용하고 있는 상황에서 애플은 단숨에 엣지 AI 시장을 장악할 수 있는 잠재력을 가지고 있다.

그럼에도 불구하고 엔비디아의 경쟁력은 여전히 강력하고 견고하다. AI의 효능감을 극적으로 보여준 OpenAI의 챗GPT나 Sora(텍스트로 명령어를 입력하면 고화질 동영상을 만들어내는 서비스), 그리고 마이크로소프트의 Copilot은 모두 클라우드에서 가동된다. 반면 엣지 AI로 결정적인 AI 효능감을 보여줄 수 있을지는 아직 의문인 상태라, 엣지 AI 시장이 확장되더라도 현재 클라우드 기반의 AI 수요는 계속 성장할 전망이다.

엔비디아는 2024 회계연도 4분기(2023년 11월~2024년 1월) 실적을 발표하면서 '데이터센터(AI GPU) 매출의 40%가 학습이 아닌 추론용 수요'였다고 밝혔다. 추론으로 AI 무게중심이 이동해도 엣지 AI 시장이 대규모로 확장되기 전까지는 엔비디아의 경쟁력이 여전히 높다는 것을 보여준 사례다. 그리고 H200이나 B100 등과 같은 차세대 AI GPU(그래픽처리장치)가 나오면, 현재 주력 제품인 H100이나 A100의 가격을 낮춰서 중저가 AI GPU 시장을 공략할 수도 있다. 아이폰이 새로 나오면 기존 모델의 가격이 낮아지면서 중가 스마트폰 시장으로 이동하는 것과 비슷하다. 소비자 충성도가 높은 애플과 비슷하게, 소프트웨어 CUDA*로 고객을 묶어놓은 엔비디아도 이와 같은 전략을 펼치면서 AI GPU 시장의 장악력을 유지할 가능성이 있다.

엔비디아의 CUDA(Compute Unified Device Architecture)는 애플의 소프트웨어와 유사하다. CUDA는 GPU를 범용화하려고 만든 전용 프로그래밍 언어로, 대부분의 AI 개발자가 사용한다. 엔비디아 외의 다른 AI 반도체를 쓰려면 CUDA가 아닌 다른 소프트웨어로 전환해야 한다. 높은 전환비용은 애플이 iOS 운영체제를 통해 아이폰 사용자를 묶어놓는 것과 같은 효과를 발휘한다.

자산배분의 두 축은 성장성을 대표하는 달러자산인 미국주식과, 안정성을 대표하는 원화채권으로 구축해야 한다. 환율의 변동성 위험까지 고려해야 하는 국내 투자자의 자산배분전략에서 안전자산은 달러채권이 아닌 원화채권이다. 증시 변동성이 크고 금리가 높은 시기에는 월급처럼 안정적인 현금흐름이 발생하는 인컴 자산에 투자하는 것이 중요하다. 채권과 배당주를 활용한 인컴투자와, 변동성이 확대될 때마다 합리적인 가격에 주식을 매수하는 전략을 병행할 필요가 있다. 개인의 채권투자가 폭발적으로 늘고 있다. 고금리 채권 만기 보유, 자본차익, 절세 수요가 배경이다. 자본차익 목적의 저쿠폰 채권 투자자와 역대급 저평가인 엔화 투자자의 경우, 연준의 금리인하 속도가 시장의 기대보다 더 가팔라지기 어렵다고 판단될 때는 차익실현에 나서는 것이 안전하다. 홍콩의 본토화가 진행되면서, 향후 역외 위안화 및 금융허브로서의 역할은 마카오와 상해, 심천으로, 중계무역항 기능은 해남도로 대체될 가능성이 있다. 신흥시장 지수보다 '신흥시장' 개념에 더 부합하는 중국의 대체 공급망으로서 인도와 베트남, 그리고 중국 투자는 정부가 육성하는 AI나 통신장비 등 일부 산업으로 범위를 좁혀 투자해야 한다.

한국형 자산배분전략에
주목하라

자산배분의 두 축인
달러주식과 원화채권

성장성을 대표하는 달러자산인 미국주식과,
안정성을 대표하는 원화채권을 두 축으로 포트폴리오를 구축해야 한다.
환율을 고려해야 하는 국내 투자자의 자산배분 전략에서
안전자산은 원화채권이다.

자산배분전략(asset allocation strategy)의 목표는 '중장기적 관점에서 목표수익률을 꾸준하고 안정적으로 달성할 수 있도록 투자자산에 대한 비중을 결정하는 것'이다. 단순화하면 주식과 채권, 성장자산과 안전자산, 원화자산과 달러자산 등의 조합들을 어떻게 가져갈 것인지의 문제다. 자산배분전략은 투자자가 감내할 수 있는 위험 범위 안에서 실행되어야 한다.

미국의 대표 주가지수인 S&P 500 지수가 금융위기 이전 고점을 뚫고 본격적으로 상승하기 시작한 것은 2013년이었다. 이 시점을 전후해 국내투자자들의 자산배분전략에도 큰 변화가 생겼다.

이전까지 자산배분전략의 두 축은 한국주식과 미국국채였다. 신흥시장에 속한 한국주식은 성장성을 대표했고, 미국국채는 달러자산으로서 안정성을 대표했다. 그러나 2013년을 전후해, 성장이 멈춘 줄로만 알았던 미국이 성장하기 시작하면서 변화가 나타났다. 미국주식이 성장성을 대표하는 자산으로 떠올랐고, 몇 차례 금융위기를 넘기며 재정건전성이 탄탄해진 한국국채가 안정성을 대표하는 자산으로 대체되었다. 자산배분전략의 두 축이 바뀐 것이다.

환율에 주목해야 한다

실제로 미국의 S&P 500과 한국 KOSPI의 연 수익률을 보면, 2001~2012년까지는 KOSPI의 수익률이 압도적으로 높았지만, 2012~2024년 상반기까지는 반대로 S&P 500의 수익률이 압도적으로 높았다. '성장'과는 거리가 멀 것 같았던 미국을 성장으로 이끌었던 것은 대형기술주들이었다. 금융위기 이후 온라인 플랫폼으로 상징되는 'FANG'이 미국 증시를 이끌었고, 팬데믹 이후에는 인공지능(AI)으로 상징되는 'Magnificent 7'이 증시를 주도하고 있다.

2013년 이후 미국과 한국의 실질 GDP성장률은 주식시장만큼 뚜렷한 역전이 발생하지는 않았다. FANG 주식들의 경제성장에 대한 기여도가 높지 않았기 때문으로 추정된다. 팬데믹 이후 미국 증시를 이끌고 있는 Magnificent 7은 투자 증가와 생산성 향상 등으로 경

2001년 이후 한미 주식시장의 연 수익률

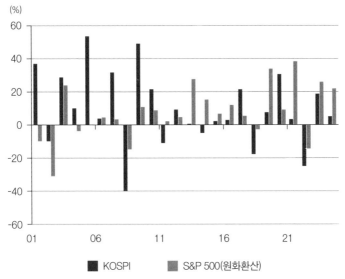

자료: Bloomberg

한미 주식시장의 연평균 수익률

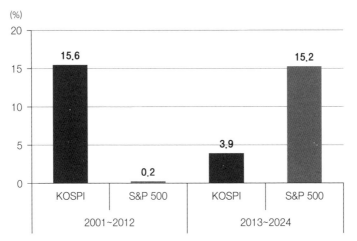

자료: Bloomberg

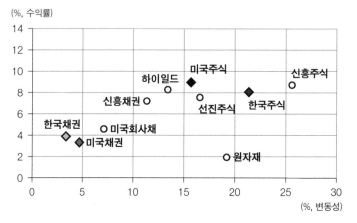

주요 자산군의 위험-수익 프로파일(2002년 이후)

자료: Bloomberg

제 전반을 자극하고 있어 향후 경제성장률도 역전으로 이어질 가능성이 높을 것으로 예상한다.

국내 투자자가 고려해야 할 중요한 요소는 환율이다. 예를 들어 S&P 500 지수에 투자한다고 할 때 우리는 눈으로 보이는 그래프의 수익률을 온전히 얻을 수 없다. 환율 때문이다.

달러자산을 투자할 때는 달러자산의 수익률 외에 달러 대비 원화 환율 변동에 따른 수익률도 고려해야 한다. 이를 '원화환산 수익률'이라고 하는데, 달러자산의 수익률을 원화 기준으로 환산한 수익률이다. 예를 들어 2020년의 경우 S&P 500 지수는 16.3% 상승했지만, 달러 대비 원화 환율이 1,115원에서 1,086원으로 하락했기 때문에(달러약세) 환율에서는 6.4%의 손실이 발생했다. S&P 500의 '원화

4장

환산 수익률'은 결국 둘을 곱해 8.9%가 된다. 물론 펀드 투자자의 경우 펀드매니저가 환 헤지(hedge)를 통해 알아서 환율 변동 위험을 제거한다. 안정적이기는 하지만 헤지 비용을 고려하면 수익률 측면에서 큰 실익은 없다. 미국주식이나 ETF, 채권을 직접 매매하는 개인 투자자들은 직접 환 헤지를 하기 어렵다. 해외자산에 투자했을 때 예상되는 수익률은 '원화환산 수익률'을 기준으로 판단해야 한다.

2002년 이후 주요 자산군들의 변동성(위험)과 연 수익률을 양 축으로 놓고 '위험-수익 프로파일(Risk-Return Profile)'을 그려보면 교과서에서 보던 익숙한 그림이 나온다. 원점에서 우상향할수록 더 높은 수익률과 위험을 가져다주는 자산들이 위치해 있다. 채권보다는 주식이, 선진시장보다는 신흥시장 자산들이 오른쪽 위에 있다.

원화채권은 안전자산이다

하지만 미국이 성장하기 시작한 금융위기 이후를 떼어놓고 보면 전혀 다른 '위험-수익 프로파일'이 펼쳐진다. 주식에서는 미국주식이 한국주식보다 수익률이 더 높고 변동성 위험은 낮다. 채권에서는 아직 전통적인 프로파일이 유지되고 있다. 하이일드 채권과 신흥시장 채권이 오른쪽 위에 위치해 있고, 한국과 미국채권이 왼쪽 아래에 있다. 그러나 여기에 '원화환산 수익률'을 반영하면 그림은 상식과 명확하게 달라진다. 미국주식과 한국주식의 격차는 압도적으로

주요 자산군의 위험-수익 프로파일(금융위기 이후)

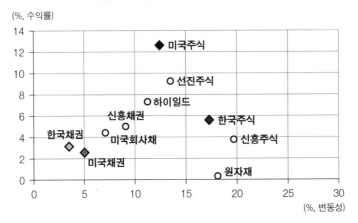

(%, 수익률)

◆ 미국주식
○ 선진주식
○ 하이일드
신흥채권 ○ 한국주식 ◆
한국채권 ○ 미국회사채 ◇ 신흥주식 ○
미국채권 ◆
○ 원자재

(%, 변동성)

자료: Bloomberg

주요 자산군의 위험-수익 프로파일(금융위기 이후, **원화환산 수익률**)

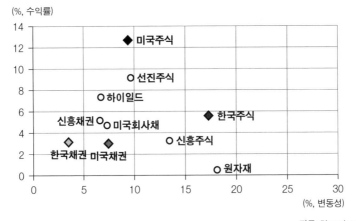

(%, 수익률)

◆ 미국주식
○ 선진주식
○ 하이일드
신흥채권 ○○ 미국회사채 ◆ 한국주식
◇ ◆ ○ 신흥주식
한국채권 미국채권
○ 원자재

(%, 변동성)

자료: Bloomberg

더 벌어지고, 미국채권은 한국채권과 수익률은 동일하나 변동성 위험이 훨씬 높아진다.

원화를 보유한 투자자의 자산배분전략에서 안전자산은 '한국채권(원화채권)'인 셈이다. '안전자산'의 의미는 손실이 나지 않는다는 뜻이 아니라 수익률의 변동 위험과 부도 위험이 낮다는 뜻이다. 채권자산 중에서는 원화채권이 환율 변동성을 고려한 위험이 가장 낮고, 부도 위험 측면에서도 최상위권의 지위를 가진다. 국제신용평가기관들이 평가하는 우리나라 국채의 신용등급은 S&P와 Moody's 기준 각각 AA, Aa2 등급으로, 영국(AA/Aa3), 프랑스(AA-/Aa2), 중국(A+/A1), 일본(A+/A1)보다 높다. 재정 건전성이 상대적으로 더 높기 때문이다.

그러므로 성장성을 대표하는 달러자산인 '미국주식'과 안정성을 대표하는 '원화채권'을 두 축으로 하는 포트폴리오를 구축하는 것이 바람직하다. 우리나라 투자자의 경우 예금 등 이자가 지급되는 다양한 금융상품을 이미 대부분 보유하고 있다. 결국 포트폴리오에 미국주식을 얼마나 추가할 것인가의 문제다. 미국주식과 원화채권 포트폴리오는 주가 상승기에는 미국주식에서 성과가 날 것이며, 주가가 큰 폭으로 하락할 때는 금리 하락에서 발생하는 자본차익과 달러-원 환율 상승(원화약세)에서 나오는 환 차익이 포트폴리오 수익률을 방어해줄 것이다. 미국주식을 달러자산으로 보유함으로써 나타나는 위기 시의 손실방어 효과다.

인컴의 시대,
인컴투자가 중요한 이유

증시 변동성이 크고 금리가 높은 시기에는 월급처럼
안정적인 현금흐름이 발생하는 인컴 자산에 투자해야 한다.
채권과 배당주를 활용한 인컴 투자와, 변동성이 확대될 때마다
합리적인 가격에 주식을 매수하는 전략을 병행해야 한다.

세계의 주요 연구 기관들이 예상하는 미래의 투자환경은 여전히 녹록지 않아 보인다. 세계경제는 성장률 둔화 전망이 늘어나고 있고, 인플레이션은 안정되기는 하겠지만 여전히 과거보다 높은 수준이 유지되면서 긴축을 멈추고 기준금리를 과감하게 인하하고 싶어하는 중앙은행들을 고민케 하고 있다. 끈적한 인플레이션 우려 때문에 중앙은행들이 다시 초저금리 정책으로 쉽게 회귀하지 못한다는 것을 투자자들도 알고 있다. 투자자들은 금융위기 이후와는 다른 고금리 환경을 견뎌내야 한다.

주식시장도 여전히 소수의 성장주가 주도하는 상승장이 이어지

겠지만, 작은 이슈에도 변동성이 대폭 확대되는 등 당분간 불안정한 흐름이 이어질 가능성이 높다. 주가지수는 많이 오른 것 같은데, 내가 가진 주식은 마이너스인 불편한 상황에서 개인투자자들이 꾸준한 수익을 내기 어려운 환경이다. 그럼에도 불구하고 변화된 금융환경의 원인을 잘 이해하고 활용한다면, 수익을 누릴 기회는 얼마든지 있다.

핵심(Core) 전략으로 '인컴(Income) 투자'를, 그리고 위성(Satellite) 전략으로 압도적인 혁신 테크기업을 합리적인 가격에 매수하는 '성장주 투자전략'을 제시한다. '인컴'은 월급과 같이 고정된 소득을 의미하는데, 지금처럼 자본차익을 추구하는 것이 쉽지 않고 금리가 높은 시기에는 월급처럼 따박따박 안정적인 소득이나 현금흐름이 발생하는 자산에 투자하는 것이 매우 중요하기 때문이다.

구조적인 인플레이션 상승 요인들

지금은 경제 성장률이 둔화되는 가운데 인플레이션은 과거보다 높은, 구분하자면 스태그플레이션에 가까운 환경이다. 구조적 인플레이션 상승 요인들이 쌓여가고 있기 때문에 인플레이션이 진정된다 하더라도 과거의 저물가·저금리 시대로 돌아가기는 어렵다.

이러한 구조적 인플레이션 요인들은 물가를 과거보다 높은 수준에서 꽤 오랫동안 머물도록 하면서 중앙은행들이 쉽게 기준금리 인하로 전환하거나 추가 인하를 결정하는 데 걸림돌이 되고 있다. 앞에서 이미 소개한 구조적 인플레이션 상승 요인들을 여기서 다시 짚어보면 다음과 같다.

첫째, 탈세계화와 블록화, 에너지 전환에 따른 대대적인 투자가 인플레이션을 한 단계 끌어올리고 있다. 해외 노동력과 공급망의 의존도를 줄이기 위해 첨단산업과 핵심설비, 인력을 내재화하는 '재산업화(reindustrialization)' 과정에서 비용이 상승했기 때문이다.

둘째, 팬데믹을 극복하는 과정에서 임금 상승과 각국의 복지 확대 등 각국의 복지가 대폭 확대된 것도 전반적으로 비용을 높였다. 팬데믹에서 벗어났지만 임금과 복지정책을 되돌리기는 쉽지 않다.

셋째, 고령화와 기대수명 증가에 따라 선진국의 부양비율(The dependency ratio), 즉 생산가능인구가 유소년층과 노령층을 부양해야 하는 비율의 상승 속도가 빨라졌다. 저축과 생산보다 소비가 늘어난다는 점에서 향후 추세적인 인플레이션 요인으로 부각될 것이다.

높아진 인플레이션은 판매가격을 높이기 때문에 기업이익에는 긍정적인 영향을 주기도 한다. 경기 침체 우려가 있을 때에도 기업이익이 쉽게 무너지지 않는 이유다. 그러나 인플레이션은 미래에 대한 기대를 의미하는 밸류에이션 멀티플, 즉 주가수익비율(P/E, PER)에는 부정적이다. 주가가 추세적으로 상승하기 위해서는 P/E가 추세적으로 상승해야 하는데, 인플레이션이 미래에 대한 기대, 즉 P/E에 부정적인 영향을 끼치다 보니 주가는 인플레이션에 대한 우려가 생길 때마다 울퉁불퉁한 모습을 보일 가능성이 높다. 만약 지금부터 주가의

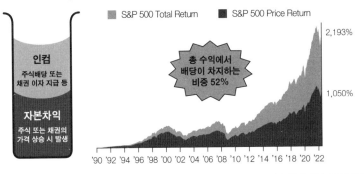

과거 30년간 총 수익률의 절반 이상을 배당이 차지

■ S&P 500 Total Return ■ S&P 500 Price Return

인컴
주식배당 또는
채권 이자 지급 등

자본차익
주식 또는 채권의
가격 상승 시 발생

총 수익에서
배당이 차지하는
비중 52%

2,193%

1,050%

'90 '92 '94 '96 '98 '00 '02 '04 '06 '08 '10 '12 '14 '16 '18 '20 '22

주: 1990.3.20~2022.9.6
자료: Bloomberg, KB증권

흐름이 강한 우상향 추세가 아닌 넓은 박스권에 가까운 완만한 상승
장이라면, 주식을 매수해 보유할 경우 자본차익은 결국 0%에 수렴
하거나 미미하게 된다.

주식투자의 총수익은 자본차익과 배당으로 구성된다. 주가가 우
상향하며 추세적으로 상승할 때는 압도적인 자본차익이 발생하므로
배당수익률은 종종 무시되기도 한다. 그러나 변동성이 강한 완만한
상승장 또는 박스권의 횡보장에서는 다르다. 자본차익이 작거나 0
에 수렴하기 때문에 배당수익률이 상당히 중요하다. 과거 30년 동안
미국 S&P 500 지수에 투자했을 때 총수익에서 배당이 차지하는 비
중이 52%에 달한다는 것은 알려진 사실이다. 지금처럼 물가와 금리
수준이 과거보다 높은 환경에서는 더욱 그렇다.

인컴 투자가 매우 중요한 이유

앞에서 핵심(Core) 전략으로 인컴(Income) 투자를 제안한 바 있다. 인컴 투자가 중요한 이유는 다음과 같다.

첫째, 투자를 결정할 때 심리적이고 재무적인 완충 역할을 한다. 현금이 따박따박 내 호주머니에 들어오기 때문에 감정적인 투자의사 결정을 내리지 않도록 도와준다.

둘째, 포트폴리오 위험을 분산하는 역할도 있다. 인컴 자산은 채권, 배당주, 리츠, 인프라 등인데, 이러한 자산들은 대부분 주식과의 상관관계가 낮기 때문에 내 포트폴리오의 변동성을 낮춰주는 효과가 있다. 전통적으로 변동성 장세에서 배당주는 주가지수가 하락할 때 방어력이 높고 상대적으로 높은 회복 탄력성을 보여주기도 한다.

셋째, 인컴 투자는 우량한 기업과 자산에 투자하는 방법이기도 하다. 꾸준히 배당과 이자를 지급하거나 배당률을 증가시키는 기업은 우량한 기업이나 자산인 경우가 많다.

이처럼 채권을 중심으로 한 인컴 투자가 매력적이지만, 주식의 단기 수익창출의 기회를 놓치는 것도 아쉽다. 주가는 일반적으로 경기에 1~2개 분기를 선행하므로, 성장하는 기업을 합리적 가격에 매수할 수 있는 기회를 포착하는 위성(Satellite) 전략을 병행해야 한다. 위성전략은 성장하는 기업을 합리적 가격에 매수할 수 있는 기회를 포착하는 전략이다. 위성전략은 핵심전략인 인컴 투자와 병행할 때 효과적이다.

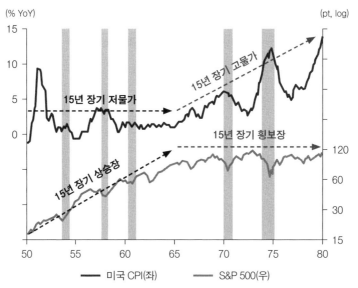

1950~1970년대 인플레이션과 미국 주식시장

(% YoY)

15년 장기 고물가

15년 장기 저물가

15년 장기 횡보장

15년 장기 상승장

(pt, log)

━━ 미국 CPI(좌)   ━━ S&P 500(우)

자료: Bloomberg, KB증권

　　주가가 넓은 박스권 내에서 횡보하는 경우에도 변동성이 크다면 자본차익의 기회는 얼마든지 있다. 현재 연준의 최대 관심사는 인플레이션으로, 연준은 인플레이션 데이터를 기준으로 통화정책을 결정한다. 그러나 물가는 대표적인 경기 후행지표다. OECD가 발표하는 미국의 경기선행지수를 기준으로 보면, 2022년에는 경기가 나빠지는데 공격적으로 기준금리를 인상하는 등 긴축을 강화함으로써 경기를 더 위축시켰고, 2023년 하반기부터 경기는 사이클상 바닥을 찍고 반등하는 과정에서 통화정책은 거꾸로 기준금리 인상을 멈추고 완화의 기대감을 높여가고 있다. 인플레이션은 쉽게 진정되기 어려울 뿐 아니라 중앙은행의 정책 후행성을 높여 경기의 진폭을 키우는 요인이기도 하다.

미국 주식시장은 인플레이션이 안정적이었던 1950~1965년에는 15년 동안 장기 상승추세를 보였고, 인플레이션이 상승하던 1965~1980년에는 15년 동안 장기 횡보 흐름이 나타났다. 워낙 장기간이기 때문에 중간중간 4~5년 주기로는 상승장처럼 보이기도 한다. 현재는 정점 형성 후 안정되고 있지만 팬데믹 이후 인플레이션은 이전보다 한 단계 높아진 것으로 추정된다. 1965~1980년 미국 증시처럼 주가가 넓은 박스권에서 크게 출렁거린다면, 저점 부근에서 성장하는 기업을 합리적인 가격에 매수해서 보유하는 것은 유효한 전략이다.

인플레이션의 시대였던 1970년대의 경험을 살펴보면, '성장하는 기업'은 지금 적자를 내고 있더라도 미래에는 대규모 이익이 기대되는, 즉 지난 2010년대 뉴 노멀 시대에 보아왔던 그런 '성장주'의 개념과는 다르다. 금리와 인건비 등 비용이 비싸고 불확실성이 높은 환경이기 때문에 기업은 몸집이 가벼우면서, 즉 자산과 부채의 규모가 지나치게 크지 않으면서도 안정적인 현금흐름 창출 능력을 가진 기업들이 유리하다. 과거보다 물가가 높은 시기이므로 매출도 어느 정도 유지되어야 한다. 어찌 보면 가치투자에 가까운 기업들이 여기에 해당된다.

미국의 경우 에너지, 소재, 금융 업종 등 경기민감업종에 해당하는 산업들이 대부분 가치주가 되어 있다. 성장성이 높으면서도 현재

의 비싼 비용을 감당할 수 있을 만큼 부채비율도 낮고 재무건전성
이 좋은 기업들, 영업현금흐름이 양호한 기업들, 운전자본을 적정한
수준에서 유지하면서 이익을 꾸준히 내는 기업들, 비즈니스에 대한
확고한 주도권을 쥐고 있는 전통 기업들도 '성장하는 기업'이 될 수
있다.

그러므로 핵심(Core)전략으로는 채권과 배당주를 활용한 인컴투자
를, 위성(Satellite)전략으로는 주식시장이 변동성이 확대될 때마다 합
리적인 가격에 주식을 매수하는 전략을 병행하는 것이 바람직해보
인다. 중앙은행들이 인플레이션을 통제하기 위해 대응하는 과정에
서 투자자들은 후행적인 물가보다는 경기 사이클을 보고 투자할 때
기회가 있을 것이다.

개인들의 폭발적인 채권투자, 반갑지만 주의해야 할 것들

개인들의 자본차익과 절세 목적의 폭발적인
채권투자 수요가 저쿠폰 채권에 집중되고 있다.
자본차익 목적의 저쿠폰 채권 투자자는 금리인하 기대가
마무리되기 전에 차익실현하는 것이 안전하다.

2007년 이후 13년간 박스권에 갇혀 있던 코스피 상단을 3,300포인트대로 한 단계 끌어올린 것은 이른바 '동학개미'로 불렸던 개인투자자들이었다. 2020~2021년이 개인들의 주식투자가 크게 증가한 시기였다면, 2022년 하반기 이후는 개인들의 채권투자 저변이 폭발적으로 확대된 시기로 기록될 것이다.

지난 10년(2012~2021년) 동안 월 평균 2,600억 원에 불과했던 개인투자자들의 장외채권 순매수 규모는 2022년 하반기부터 2024년 상반기까지 2년 동안 월 평균 3조 3,400억 원으로 약 13배나 급증했다. 특히 2024년 4월 개인들의 채권 순매수 규모는 역대 최대인 4조

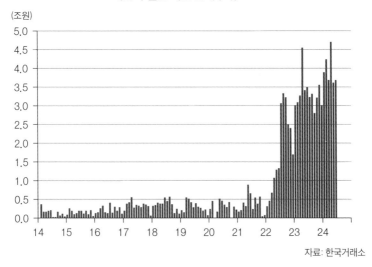

개인의 월간 채권 순매수 규모

(조원)

자료: 한국거래소

7천억 원을 기록해 지난 10년 동안의 월 평균 대비 무려 18.2배에 달한다. 2021년까지 월 최대 순매수 기록이 2004년 8월의 1조 7천억 원이었다는 점을 감안하면 가히 폭발적인 채권투자 증가세라 할 수 있다.

채권금리의 가파른 상승 추세는 '연준의 기준금리 인상이 마무리되었다'는 시각이 확산된 2023년 4분기까지 이어졌다. 채권금리 상승(채권가격 하락)에도 불구하고 개인투자자들은 금리가 오를 때마다 지속적으로 채권을 저가 매수했다. 이는 과거와 비교했을 때 상당히 이례적인 현상이었다.

'자산배분의 두 축을 미국주식(달러)과 원화채권으로 삼아야 한다'는 측면에서 개인들의 채권투자 증가는 반가운 소식이다. 주식에 집중되어 있던 개인 자산관리의 저변이 채권으로 넓어지면서 활용 가능한 수단이 늘어났다는 점에서도 긍정적이다. '채권은 어렵고 부자들만 투자하는 것'이라는 고정관념에서 벗어나, 증권사의 지점뿐 아니라 MTS(Mobile Trading system) 등을 통해 1만 원으로도 손쉽게 채권을 살 수 있는 시대가 열렸다.

개인들의 채권투자 수요가 급증한 배경

개인투자자들의 채권투자 수요가 급증한 배경은 무엇일까? 그 이유는 크게 3가지를 들 수 있다.

첫째, 고금리 채권에 대한 만기 보유 수요다. 기관투자자들과 달리 개인들은 평가손실에서 상대적으로 자유롭다. 은행의 정기예금 금리보다 1.0~1.5%p 이상 높은 AA등급 이상 우량 회사채와 여신전문금융채(카드/캐피탈채)를 매수해 만기까지 보유하려는 수요가 집중되었다.

둘째, 자본차익을 노린 수요다. 연준과 한국은행 등 중앙은행들이 공격적인 기준금리 인상을 지속하고 있었기 때문에 '조만간 인플레이션이 진정되면 경기 침체와 함께 기준금리 인상이 멈추고 인하 사이클로 전환될 것'이라는 전망이 형성되었다. 그에 따라 장기금리도 반락할 것이라는 기대다. 연준이 9월 FOMC에서 기준금리를 0.50%p 전격 인하한 이후, 2024년 9월 19일 기준 금리파생상품 시장에는 연준이 2024년 말까지 추가로 약 0.75%p를 인하하고, 2025년 말까지는 총 2.50%p를 낮춰 2.75~3.00%로 인하한다는 전망이 반영되어 있다. 금융투자소득세가 시행되기 전까지는 개인의 채권투자에서 발생한 자본차익에 대해서는 과세를 하지 않는다. 만약 국채 30년물을 매수해 금리가 1.0%p 하락한다면 투자수익률은 약 20%에 달한다. 실제로 2023년 4분기 중 우리나라의 국고채 30년물을 매수한 투자자라면, 3분기 만에 평균적으로 2024년 9월 기준 약 15~17% 수준의 자본차익을 얻었을 것으로 추정된다. 생명보험사의 예정이율, 즉 장기보험 계약자에게 약속한 보험금을 지급하기 위해 적용하는 이자율도 대부분 2%대 중반에 미치지 못하기 때문에 2024년 9월 19일 기준 2.90% 수준의 국채 20년물의 금리 수준은 만기 보유 측면에서도 충분히 매력적이다.

셋째, 절세 수요다. 채권투자의 과세는 쿠폰(표면금리)에 부과된다. 채권금리가 최저점 부근이었던 2019~2020년 상반기에 발행된, '표면금리가 낮은 채권'들은 절세를 위한 고액자산가들의 수요가 크다. 예를 들어 2019년 9월에 발행된 20년 만기 국고채(19-6)의 경우 2024년 9월 19일 기준 만기수익률은 2.91%이지만 표면금리가 1.125%에 불과하기 때문에 은행의 예금금리와 비교한 예금환산수익률은 약 3.60%나 된다. 일반세율 15.4%보다 세율이 높은 고액자산가의 경우 예금환산수익률은 더 높아진다. 표면금리가 1.00%로 낮은 복리 국채인 국민주택1종 채권(5년 만기)도 절세용 채권으로 인기가 높다.

개인투자자의 최다 채권 보유종목 Top 10(단위: 억원)

종목명	만기일	민평금리	개인보유	발행잔액	개인비중
국고01500-5003 (20-2)	2050-03-10	2.80%	44,790	431,850	10.37%
국고01125-3909 (19-6)	2039-09-10	2.91%	33,392	110,640	30.18%
국고01875-2412 (21-10)	2024-12-10	2.88%	17,571	140,400	12.51%
국고03250-5303 (23-2)	2053-03-10	2.87%	11,669	292,102	3.99%
국고01125-2509 (20-6)	2025-09-10	2.84%	10,752	142,790	7.53%
국고01875-5103 (21-2)	2051-03-10	2.83%	9,370	500,050	1.87%
국고01375-3006 (20-4)	2030-06-10	2.92%	9,268	231,490	4.00%
국고01500-4009 (20-7)	2051-03-10	2.93%	9,197	113,780	8.08%
국고03250-5403 (24-2)	2054-03-10	2.85%	7,827	302,350	2.58%
국고03625-5309 (23-7)	2053-09-10	2.87%	7,243	191,301	3.78%

주: 2024년 9월 19일 기준, 장외채권
자료: 인포맥스

실제로 2024년 9월 19일 기준 개인투자자들이 가장 많이 보유하고 있는 채권의 리스트를 살펴보면, 표면금리가 낮은 '저쿠폰 채권'의 선호가 두드러진다. 단일 종목으로는 최대 규모인 4조 4,790억 원을 개인투자자들이 보유하고 있는 '국고01500-5003⁽²⁰⁻²⁾'를 예로 들면, 앞의 숫자는 표면금리, 뒤의 숫자는 채권의 만기를 의미한다. 즉 '표면금리 1.50%에 만기가 2050년 3월인 국고채'를 표시한 것이다. '20-2'는 2020년에 두 번째로 발행된 국고채라는 뜻이다. 최대 보유 종목인 국고 20-2의 표면금리 1.50%을 비롯해 대부분 2019~2021년에 발행된 1%대의 표면금리인 저쿠폰 채권이 선호되는 것을 알 수 있다. 두 번째로 보유 규모가 큰 '19-6'은 채권발행잔액 중 개인투자자들이 보유하고 있는 채권의 비중이 거의 30%를 넘는다. 이는 지극히 이례적인 상황이다. 참고로 개인투자자는 2024년 8월 말 기준 54.2조 원을 보유해 전체 채권발행 잔액 중에서 2.6%를 가지고 있다.

저쿠폰 채권에 집중되고 있는 개인들의 채권투자 열기

개인들의 폭발적인 채권투자 열기는 기관투자자들의 포트폴리오에도 영향을 미치고 있다. 개인들의 투자가 주로 저쿠폰 장기국채를 매수해 금리 하락에 따른 자본차익을 노리는 수요에 집중되고 있기 때문이다. 파월 연준의장이 9월 FOMC에서 기준금리를 추가로 인하할 것을 시사함에 따라 향후 기준금리 인하 사이클이 본격적으로 시작될 것이라는 합리적인 예측의 결과다. 그 영향으로 국채시장의 지표물과 비지표물의 금리가 역전되는 이상 현상이 관찰되고 있다.

우리나라의 20년 만기 국고채는 1년에 1종목, 30년 만기 국고채는 1년에 2종목이 발행된다. 가장 최근에 발행된 국고채를 '지표물'이라고 부르고, 그 이전에 발행된 국고채들은 '비지표물(경과물)'이라고 부른다. 장기채권은 새로 발행될 때마다 보험사, 연기금 등 채권을 만기까지 보유하는 기관투자자들의 계좌에 차곡차곡 쌓인다. 시간이 흐를수록 지표물은 비지표물이 되고, 비지표물의 거래량은 줄어든다. 따라서 거래가 가장 활발하고 유동성이 좋은, 최근에 발행된 지표물은 일반적으로 비지표물보다 비싸다(금리가 낮다). 지표물은 주로 적극적인 트레이딩이나 교체 매매를 통해 수익을 창출하는 증권사나 자산운용사, 은행 등의 수요가 많다.

2019~2021년 당시 낮은 금리에 발행되었던, 지금은 비지표물인 저쿠폰 채권들은 지표물보다 만기는 짧으면서 금리는 더 높고(싸고) 절세효과가 탁월했기 때문에 만기보유와 절세효과를 노린 개인들이 이를 찾는 것은 당연했다. 그러나 2023년 들어 개인투자자들의 자본차익 수요도 기왕이면 절세효과가 탁월한 비지표물에 집중되었고, 비지표물에 이례적으로 프리미엄이 붙으면서 비지표물의 금리가 거래가 활발한 지표물보다 낮아지는 이상 현상이 나타났다.

비지표물은 거래량이 적어 상대적으로 채권을 구하기 어렵다 보니 지표물보다 약 0.20%p 더 낮은 금리에 비싸게 채권을 매수해야 하는 상황이다. 채권시장은 주식시장과 달리 장외거래 비중이 높다. 장외시장의 특징은 부동산시장처럼 매수 우위일 때는 매도가 자취를 감추고, 매도 우위일 때는 매수가 자취를 감춘 상태에서 호가

만 급격히 올라가는 경향이 있다. 장외거래 비중이 절대적인 비지표물(저쿠폰 채권)은 특히 더 그렇다. 그러므로 투자자들끼리 생각이 다를 때는 문제가 없지만, 가까운 미래에 '연준의 기준금리 인하가 마무리되고 있다'는 생각으로 쏠릴 경우 채권을 팔아 차익을 실현하는 출구전략에 문제가 발생할 위험이 매우 높다. 매도할 경우 그 시점에서 눈에 보이는 가격보다 훨씬 더 싸게 팔아야 팔릴 위험이 높다는 의미다.

이는 장외시장인 부동산시장처럼 매물이 많을 때 눈으로 확인되는 시세보다 더 싸게 내놓아야 팔리는 것과 동일한 이치다. 이는 저쿠폰 채권 투자자들이 한 번은 마주해야 할 위험이다. 그러므로 저쿠폰 채권을 매수한, 자본차익 목적의 개인 채권투자자라면 기준금리 인하 기대가 마무리된다는 인식이 확산되기 전에, 또는 현재 채권시장에 반영되어 있는 기준금리 인하 폭 이상으로 실제 인하가 어렵다고 판단될 때 차익실현에 나서는 것이 안전할 것이다.

덧붙이자면, 채권의 이자지급일 직전에 채권을 매수하거나 직후에 매도하려는 개인투자자들이 의외로 많다. 그러나 채권을 매매할 때 이자지급일은 신경 쓰지 않아도 된다. 투자자가 채권을 보유한 기간만큼의 '경과이자'가 이미 채권가격에 녹아 있기 때문이다. 세금도 마찬가지다.

홍콩의 미래,
그리고 신흥시장 다시 보기

홍콩의 본토화가 빠르게 진행되고 있다.
금융중심지와 중계무역항 기능은 다른 지역으로 분산될 전망이다.
신흥시장 지수나 홍콩보다 '신흥시장' 개념에 부합하는
지역이나 산업을 선별해 투자해야 한다.

홍콩을 둘러싼 미중 간의 대립이 이어지고 있다. 홍콩 국가보안법이 제정된 이후 시장에서는 미국의 압박, 내부 시위 등으로 홍콩의 주요 기능이 마비될 수 있다는 우려가 있었다. 그러나 아무런 일도 일어나지 않았다. 홍콩은 경제적·정치적으로 미국보다 중국 정부와 양호한 관계를 이어가는 것이 더 중요한 상황이기 때문이다. 홍콩은 대외의존도가 높아 경제적 자립이 어렵고, 미국의 압박이 강화될수록 중국 정부에게 의지할 수밖에 없다. 향후 이런 현상은 더욱 고착화될 것이며, '홍콩의 본토화'가 빠르게 진행될 것으로 보인다.

국내 투자자들의 홍콩시장 노출도는 의외로 높다. 초기 중국본토

투자가 어려울 때 중국에 투자하는 상품들이 주로 홍콩에 상장된 범중국 주식을 담았고, ELS(주가연계증권)의 기초자산도 홍콩의 H지수의 비중이 높았기 때문이다. 따라서 중국 정부가 홍콩의 미래를 어떻게 계획하고 있는지 살펴보는 것은 매우 중요하다.

단기적으로는 중국 정부가 홍콩을 안정화하기 위한 조치들을 발표하고 있으나, 중장기적으로 홍콩의 핵심 기능은 기타 지역으로 분산될 가능성이 있다. 그러므로 포트폴리오 내에서 홍콩에 대한 노출도는 지속적으로 축소해 나가야 한다.

트럼프 전 미국 대통령은 홍콩을 통해 중국을 압박해 1단계 무역협상을 성실히 이행하도록 하고, 이러한 성과를 기반으로 미국 대선에서 자신의 성과를 과시하고자 했다. 그러나 중국 입장에서 보면 홍콩의 중요도가 과거와 달리 많이 낮아졌고, 홍콩을 위해서 굳이 미국의 요구에 따라야 할 필요도 없다. 중국은 홍콩 이외에도 대만, 위구르 등 여러 분쟁 이슈에 대응해야 하기 때문에 가장 첫 번째로 행정절차를 진행하고 있는 홍콩 문제에 있어 물러설 수도 없는 상황이다.

홍콩으로의 자금유입이 약화될 가능성

현재 홍콩이 중국에서 차지하는 GDP, 무역, 자금조달 비중은 생각하는 것보다 크지 않다. 홍콩 반환 연도인 1997년 기준으로는 홍콩이 중국 GDP에서 차지하던 비중이 16.1%였으나, 2023년 기준으

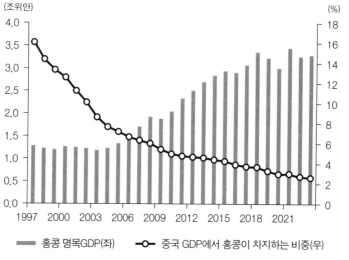

중국경제에서 계속 감소중인 홍콩 비중

홍콩 명목GDP(좌) ─O─ 중국 GDP에서 홍콩이 차지하는 비중(우)

자료: Wind, KB증권

로는 2.6%로 크게 감소했다. 또한 지난 5년(2020~2024년) 평균 홍콩의 대중 수출 비중은 57.6%로 절대적인 반면, 중국의 홍콩 수출 비중은 9.3%로 미미하다. 중국기업의 홍콩증시 IPO(상장) 비중도 1995년 64.5%에서 2023년에는 4.2%로 감소했다.

홍콩계 자금의 중국 직접투자와 중국의 홍콩 직접투자 규모는 비슷한 수준이다. 지난 10년 동안 홍콩계 자금의 중국 직접투자는 연평균 980억 달러였고, 중국의 홍콩 직접투자 규모는 같은 기간 연평균 890억 달러였다. 2015~2016년에는 중국의 홍콩 직접투자가 더 컸다. 살펴본 바와 같이 전반적으로 반환 이후 홍콩이 오히려 본토 자본 유입에 따른 혜택을 누리고 있는 상황이다.

중국 정부는 홍콩의 시위 격화, 미국의 간섭 등 이슈로 점차 홍콩의 '금융 중심지'와 '중계무역항'의 역할을 다른 지역으로 분산시키고 있다. 중국 정부는 지난 2019년 마카오에 위안화 증권거래소와 위안화 결제센터 등을 설립한다는 계획을 발표하면서 '역외 위안화의 나스닥 시장'으로 성장하기를 희망한다고 밝혔다. 점진적으로 진행될 가능성이 높지만, 향후 홍콩의 역외 위안화 거래 중심지 역할은 점차 마카오로 대체될 가능성이 있다.

중장기적으로는 중국의 핵심 신경제 기업들이 본토증시에 상장함에 따라 금융시장에서도 홍콩의 입지가 약화될 수 있다. 단기적으로는 중국 정부가 홍콩의 안정화를 위해 알리바바와 같은 핵심 기업을 홍콩 증시에 2차 상장하고 있으나, 최종적으로는 본토로 이동할 것으로 보인다. 향후 정부가 육성하고자 하는 주요 기업들이 본격적으로 상해 및 심천거래소에 상장하면서 자본시장 범위 내에서의 핵심 기능도 점차 본토로 집중될 것으로 예상한다.

2020년 6월 중국 정부는 해남도를 자유무역항으로 지정했고, 2021년에는 세계적인 자유무역항으로 발전시키기 위한 기본계획을 발표했다. 2024년 말까지 해남도는 세관 통관 준비를 완료할 예정이다. 중국 정부는 홍콩의 중계무역항 역할을 조금씩 해남도로 이전할 계획인 것으로 보인다. 해남도는 홍콩과 유사하게 정부가 관광중심지로 육성하고 있던 지역이며, 면세사업 혜택도 누리고 있다. 향후 해남도 자유무역항의 무역 관련 비용 절감 효과가 예상을 상회할 경우 홍콩을 통한 재수출 물량은 점차 해남도로 이전할 가능성이 높다. 2023년 기준으로 해남도에는 3,200개 이상의 홍콩 자본 기업이 설립되었으며, 이는 해남도의 전체 외국인 투자 중 약 절반을 차지하는 규모다.

과거에는 외국인에 대한 본토 금융시장 진입 규제로 인해 홍콩을 통한 간접적인 본토시장 투자가 활성화되었다. 그러나 향후 본토에 대한 직접투자가 용이해지면서 홍콩으로의 자금유입이 약화될 가능성이 있다. 후/선강통이 시행된 이후 외국인 자금의 본토증시 유입이 꾸준히 증가하고 있다. 홍콩의 금융자산은 외국인 투자자가 쉽게 접근할 수 있었기 때문에 희소성 및 성장성을 추구하는 시장의 특성상 본토 주식, 채권, 부동산 등 자산에 대한 수요는 홍콩에서 본토로 빠르게 이동하는 중이다. 아시아 금융허브로서 홍콩의 역할이 점차 약화될 수 있어 본토 이외에 싱가폴로도 자금이 이동할 수 있다.

신흥시장의 개념을 재정립해야 할 때다

홍콩이 국내 투자자들에게 가장 많이 노출되어 있던 상품은 ELS(주가연계증권)이다. 홍콩의 대표지수는 항셍지수(HSI)로 홍콩 현지 기업과 중국본토 기업 중 홍콩 증시에 상장된 기업들로 구성된다. 반면 홍콩 H지수(Hang Seng China Enterprises Index: HSCEI)는 홍콩에 상장된 중국본토 기업의 주가지수이다. 업종별로는 IT 35.3%, 금융 26.6%, 경기소비가 12.0%로 가장 많은 비중을 차지한다.

중국 상해종합지수와 홍콩 H지수 추이

중국 상해종합(좌)   홍콩 H

자료: Bloomberg

　다른 지수들에 비해 홍콩 H지수는 변동성이 커서 ELS의 기초자산으로서 인기가 높았다. 변동성이 높으면 ELS 상품 설계 시 투자자들에게 더 높은 수익을 제공할 수 있기 때문이다. 홍콩 H지수가 반등하던 2018년에는 그 해 발행된 지수·혼합형ELS 기초자산의 63.8%에 홍콩 H지수가 집중적으로 활용되었다.

　2007년 고점 이후 추세적으로 하락하던 홍콩 H지수는 2021년 2월을 단기 고점으로 더욱 가파르게 하락하면서 국내 투자자들에게 고통을 주고 있다. 미중 갈등의 부정적인 여파와 2021년 중국 정부의 빅테크 규제 강화가 IT 비중이 높은 홍콩 H지수에 부정적인 영향을 미쳤다. 이후 중국경제의 성장 둔화와 부동산 위기도 홍콩 증시의 반등을 어렵게 하고 있다.

미중 관계 불확실성이 당분간 지속될 것으로 예상됨에 따라 중장기적으로 홍콩증시는 본토 대비 상대적으로 높은 변동성을 보일 것으로 예상한다. 아직 2024년 11월의 미국 대선 결과를 속단할 수 없으나, 미국 내에서 대중 강경책은 초당적인 공감대를 형성하고 있어 어떤 후보가 당선되더라도 미중 갈등은 이어질 전망이다. 홍콩은 중국 본토 대비 외국인 투자자 비중이 높은 데다가 미국이 중국을 압박하는 카드로 홍콩을 활용하고 있기 때문에 홍콩증시는 미중 간의 정치적인 이슈에 더 민감하게 반응할 것으로 보인다.

지금은 '신흥시장(Emerging Markets)'의 개념을 다시 정의해야 할 시점이다. 신흥시장은 1980년대 초반 빠르게 성장하는 개발도상국 시장을 지칭하는 용어로 처음 사용되었다. 신흥(新興)시장이 '떠오르는 시장(Emerging Market)'인 이유는 생산가능인구가 증가하고, 산업화와 도시화가 진행 중이며, 자원이 풍부하고 임금이 낮아서 향후 가파른 경제성장이 기대되는 시장이었기 때문이다. 세계화가 한창이던 2001년 중국의 세계무역기구(WTO) 가입을 전후로 '브릭스(BRICS)', 즉 브라질(Brazil), 러시아(Russia), 인도(India), 중국(China), 남아공(South Africa)은 신흥시장을 대표하는 국가들로 떠오르며 대규모 외국인 투자자금이 유입되었다. 그러나 20여 년이 지난 지금 이들은 이미 성장했거나 신흥시장의 조건에서 벗어났다. 생산가능인구는 감소하고 있고, 산업화·도시화는 이미 대부분 진행되었다. 임금은 비싸졌고,

탈세계화 이후 제조업 생산 기지로서의 입지도 대폭 약화되었다. 원자재 생산국으로서의 지위는 ESG와 에너지 전환에 밀려 오히려 선진국들에게 주도권을 빼앗긴 모습이다. 재산업화와 인프라 투자도 오히려 미국이 더 활발하다.

'홍콩의 본토화'가 빠르게 진행됨에 따라 홍콩만의 고유한 매력이 사라지고 있다. 자산 포트폴리오를 구성하는데 있어서 특정 기업 또는 지수가 펀더멘털보다 정치적인 이슈에 더 무게를 두고 반응한다면 투명성과 안정성 측면에서 상당한 리스크다. 그러므로 신흥시장 지수나, 중국의 간접투자 개념으로 홍콩에 투자하기보다는 '신흥시장'의 개념에 오히려 더 부합하는 지역이나 산업을 따로 선별해 투자해야 한다. 지속적으로 언급했던 '성장하는 미국', 다음 장에서 언급할 '중국의 대체 공급망으로서의 인도와 베트남', 그리고 중국의 경우에는 정부가 주도해 키우는 AI나 통신장비 등 일부 산업에 투자하는 것으로 범위를 좁혀야 할 것이다.

중국을 대체할 아시아 공급망, '알타시아(Altasia)'

인도와 베트남은 서방의 글로벌 공급망 재편에서
탈중국 생산거점으로 거론되는 대표 수혜국들이다.
중국 투자는 정부 주도로 육성하는 통신장비나 AI 등
일부 산업으로 범위를 좁혀야 한다.

1987년, 당시 세계 최대의 가전업체 중 하나였던 파나소닉
(Panasonic)이 중국에 첫 합작 TV 브라운관 공장을 설립하며 세계의
이목을 집중시켰다. 이후 일본을 비롯한 대형 가전업체들이 앞다
퉈 중국의 풍부하고 값싼 노동력을 이용하기 위해 중국에 진출했고,
37년이 지난 지금 중국은 세계 가전산업의 핵심 국가로 성장했다.
2021년 중국의 전자제품 및 부품 수출은 1조 달러로, 전 세계 수출
액의 약 1/3에 달한다.

그러나 최근 글로벌 제조업체들은 중국 의존도를 줄이는 추세다.
중국의 노동력이 더 이상 저렴하지 않은데다, 미중 갈등으로 촉발

된 미국 주도의 글로벌 공급망 재편이 속도를 내고 있는 영향이다. 2020~2022년 사이 중국에서 운영되는 일본기업의 숫자는 약 1만 3,600개에서 1만 2,700개로 감소했다. 삼성도 2013년을 정점으로 중국 인력을 2/3 이상 줄였다.

기업들은 중국의 제조업 공급망을 대체할 기회를 다른 아시아 국가에서 찾는 중이다. 2024년 초 영국의 경제전문지 〈이코노미스트〉는 중국의 '대체 아시아 공급망(Alternative Asian supply chain)'을 의미하는 '알타시아(Altasia)'라는 신조어를 선보였다. 당장 어떤 국가도 중국을 대체하기는 어렵겠지만 기술력과 자금력을 보유한 한국, 일본, 대만에서부터 낮은 임금이 강점인 인도에 이르기까지 범아시아 경제 전체를 묶어서 보면 기회가 될 수 있다는 뜻이다.

중국의 대체 아시아 공급망인 '알타시아'

2021년 10월부터 2022년 9월까지 1년 동안 한국, 일본, 인도, 베트남, 인도네시아, 태국 등 14개국을 합친 알타시아의 대미 상품수출 금액은 6,340억 달러로 중국의 6,140억 달러보다 조금 더 많다. 고등교육을 받은 숙련된 노동인력도 1억 5,500만 명으로 중국의 1억 4,500만 명과 비슷하다. 반면 중국의 인건비는 이미 동남아 국가들보다 훨씬 비싸졌다. 인도, 베트남, 말레이시아, 필리핀, 태국의 시간당 제조업 임금은 3달러 미만으로 중국 노동자들이 요구하는 임금의 약 1/3 수준에 불과하다.

2023년 9월 10일 미국 바이든 대통령은 G20 정상회담이 열리는 인도를 거쳐 베트남을 방문했다. 인도와 베트남은 미국 등 서구권의 글로벌 공급망 재편에서 중국을 대신할 탈중국 생산거점으로 거론되는 대표 수혜국들이다.

당시 베트남은 양국 외교 관계를 최고 수준인 포괄적 전략적 동반자 관계(CSP, Comprehensive Strategic Partnership, 한국/중국/러시아/인도/미국의 5개국)로 두 단계 격상시켰다. 중국을 견제해 우방국 중심의 프렌드쇼어링으로 공급망을 재구축하려는 미국과, 미중 사이에서 실용주의 외교를 펼치며 고부가가치 첨단기술 기업을 유치하고 경제발전에 집중하려는 베트남의 이해관계가 서로 맞닿은 상징적 결과물이다. 이처럼 서방세계의 이목을 집중시키며 인도, 베트남 등 동남아 국가들이 중국에 대한 불안을 지워 나갈 대체 카드로 부상하고 있다.

베트남은 적극적인 시장개방 정책으로 전 세계 50개 이상의 국가와 자유무역협정을 체결하며 아세안 지역의 FTA 허브로 자리매김하고 있는 국가다. 2022년 이후 베트남 경제는 수출 증가, 외국인 직접투자 유입, 내수시장 반등으로 코로나 이후 빠르게 회복했다. 삼성전자, 인텔, LG전자, 보쉬, 샤프, 파나소닉, 폭스콘 등 글로벌 기업들의 투자도 늘어났다.

구글이 최신 스마트폰의 아웃소싱 생산을 중국에서 베트남으로 옮기고 있고, 미국의 팹리스 반도체 제조업체인 퀄컴(Qualcomm)도

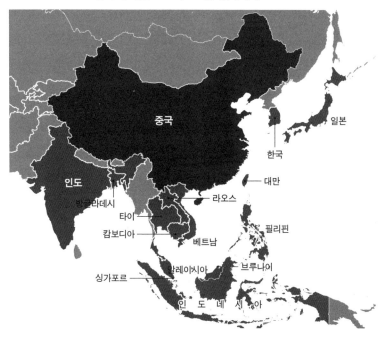

중국의 대안으로 떠오르는 알타시아(Altasia)

중국

일본

인도

한국

방글라데시

대만

타이

라오스

캄보디아

필리핀

싱가포르

베트남

말레이시아

브루나이

인 도 네 시 아

자료: Economist

2020년 베트남에 첫 연구개발센터를 열었다. 베트남은 집단지도 체제의 사회주의 국가이기 때문에 중심 공원에 위치한 레닌 동상이 어색하지 않은 곳이기도 하지만 "세계정세 변화에 기민하게 대응하며 진영에 휩쓸리지 않는 유연한 외교로 실리를 취하고 있다"는 평가를 받고 있다.

최근 베트남의 경제 성적표는 만족스러운 모습이 아니었다. 글로벌 수요둔화로 수출이 감소했고 노동허가, 소방시설 승인 등 오히려

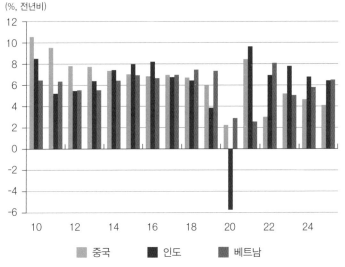

중국, 인도, 베트남의 실질GDP 성장률

(%, 전년비)

■ 중국　■ 인도　■ 베트남

주: 2024년 이후는 IMF의 전망치
자료: IMF

강화된 규제와 내년 초 글로벌 최저한세(다국적 기업이 어느 나라에서 사업을 하든 최소 15% 실효 법인세율 부담) 시행으로 외국인 직접투자(FDI) 자금 유입이 주춤하는 등 도전의 행로가 순탄하지만은 않다.

　비교적 안정적인 정치환경, 젊고 풍부한 노동력, 상대적으로 저렴한 인건비, 세금 인센티브, 해상 교통의 요충지로서 무역에 유리한 지리적 환경, 정부의 적극적인 인프라 개발, 높은 교육열 등으로 상대적인 강점이 분명했던 베트남이 제도의 질, 인프라와 숙련노동력 부족, 국가경쟁력을 저해하는 부정부패 등의 한계를 극복하고 탈중국 대안의 주요 제조기지로 자리잡을 수 있을지 그 가능성에 관심을 기울일 필요가 있다.

인도는 전 세계 최대 인구대국으로 노동력과 내수시장의 잠재력에서 중국을 대신할 생산기지로써 비교불가의 경쟁력을 갖추고 있다. 현재 세계 5위 경제규모의 인도는 수년 내에 독일과 일본을 넘어 2030년 이전에 제3위의 경제대국으로 올라설 것으로 전망된다. 전세계의 다국적 기업들이 탈중국 공급망 재편의 선택지로 인도에 주목하는 배경이다. 2024년 인도의 GDP 성장률 전망치는 7%대로, 전세계 주요국들 가운데 최상위권 고성장 국가이기도 하다.

모디가 이끄는 인도 정부는 일찌감치 Make in India(제조업 육성 정책), Gati Shakti(인프라 개발 정책) 등의 강력한 장기 경제개혁 추진으로 서비스업 대비 낙후되었던 제조업 육성에 집중하고 있다. 젊은 인구와 풍부한 노동력을 배경으로 내수 소비도 덩달아 활성화되면서 기업들의 이익 성장으로 연결되는 선순환도 진행되고 있다.

탈중국 공급망 구축을 위해 프렌드쇼어링을 강화해가고 있는 미국의 애플, 테슬라, 아마존, AMD와 같은 대표 기업들이 앞다투어 인도에 진출하고 있다는 점도 긍정적이다. 애플의 위탁생산업체인 폭스콘(Foxconn)은 2년 내에 인도 아이폰 공장 인력을 4배인 7만 명으로 늘린다는 계획을 발표하기도 했다. 경제적 측면뿐 아니라 정치적 관점에서도 미국 외교안보 전략의 핵심국인 인도가 앞으로 가져갈 반사이익이 예상된다.

중국이 내준 기회를 어느 나라가 차지할까?

중국을 배제하는 것이 여전히 찜찜하다면, 중국 정부가 주도해 키우는 통신장비나 AI ETF 등 일부 산업에 투자하는 것으로 범위를 좁혀야 한다. 제조업에서의 탈세계화·탈중국화로 인해 중국은 자생할 수 있는 산업을 육성할 것이다. 전기차, 태양광, 풍력 등 친환경 산업이 그동안 그 역할을 담당했으나 해당 산업들은 이미 중국 내부에서 성숙국면으로 전환되고 있고, 무분별한 투자로 공급과잉에도 노출된 상태다.

성장을 이끌기 위해 중국 정부는 2018년 '7대 인프라 산업'을 제시했지만 AI 분야는 아직 목표를 달성하지 못했다. 이를 위해 대규모 데이터센터 건설이 진행되고 있으며, 이에 필요한 부품·장비들이 주로 통신장비 ETF(515880: Guotai CSI All Share Communications ETF)에 속해 있다. AI ETF(E Fund CSI Artificial Intelligence ETF)의 경우 당장은 미국 반도체 공급 이슈로 어려운 상황이지만 중국 정부가 지속적으로 강조하고 있는 만큼 꾸준히 눈여겨볼 만하다.

미중 간의 무역분쟁은 코로나 팬데믹과 러시아-우크라이나 전쟁, 이스라엘-팔레스타인 전쟁이라는 위기를 거치며 '탈세계화와 글로벌 공급망 재편'이라는 교역환경의 패러다임 대전환을 불러왔다. 혼란의 시대에 영웅이 출현하듯 '넥스트 차이나'를 꿈꾸는 인도와 베트남을 비롯한 동남아 주요국들이 저렴한 인건비와 지리적 강점, 친기업 정부지원 등을 내세워 저마다 중국의 대안으로써 자국의 경쟁력을 어필하는 중이다.

물론 현실적인 한계로 이들이 단시일 내에 중국이 지난 십수 년간 세계의 공장으로 보여줬던 절대적 지위를 온전히 대체하기는 쉽지 않을 것이다. 다자간 무역협정을 통해 규제 장벽이 완화되고 있기는 하지만 낙후된 인프라와 물류시스템은 넘어야 할 큰 걸림돌이다. 그럼에도 불구하고 분명한 사실은, 글로벌 공급망 재편의 격랑 속에 중국이 내준 기회를 차지하는 주인공이 탄생할 것이라는 점이다.

유력한 잠재 후보국들에게 글로벌 투자자들의 시선이 쏠리는 건 자연스럽다. 알타시아 국가들의 야심찬 행보와 경쟁 속에서 글로벌 무역질서의 재편 과정에서 추세적으로 성장하는 새로운 국가들이 등장할 것이다. 변동성이 큰 만큼 연금자산 등 중장기 투자의 좋은 투자대상이 될 것이다.

역대급 엔저,
향후 전망과 엔화 투자방법

역대급 저평가 상태인 엔화를 포트폴리오 관점에서
일부 보유하는 것은 바람직한 전략이다.
엔화강세는 연준의 금리인하 속도가 시장 예상보다
얼마나 더 가팔라질 수 있는지가 관건이다.

2024년 6월, 엔화 대비 원화 환율(이하 '엔/원 환율')이 100엔당 860원을 하회하는 등 2008년 1월 이후 최저치를 기록했다(엔화약세-원화강세). 이후에도 2024년 7월까지 850~900원에서 움직이면서 최저 수준을 유지했다. 달러 대비 엔화 환율(이하 '달러/엔 환율')이 2024년 7월 161.69엔까지 상승하는 등 엔화 가치가 1986년 이후 38년 만에 최저치까지 하락한 영향이다.

2024년 7월 말 기준 달러 대비 엔화 가치는 팬데믹이 마무리된 2022년 이후 23.3% 절하되어 24개 주요 통화 중 꼴찌에서 두 번째 다. 최하위는 전년대비 70%가 넘는 살인적인 인플레이션으로 기준

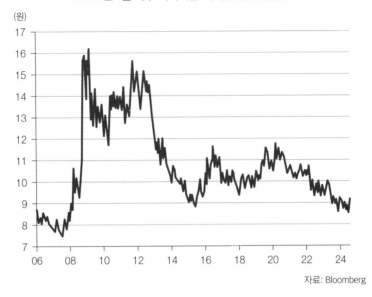

2008년 1월 이후 최저치를 기록한 엔/원 환율

자료: Bloomberg

금리를 50.0%까지 인상하며 경제가 붕괴될 위험에 처한 튀르키예

(구 터키) 리라화(59.5% 절하)라는 점을 감안하면 투자 가능한 국가 중에

서는 엔화가 최하위나 다름없다. 같은 기간 달러 대비 원화 가치는

13.3% 절하되면서, 엔화는 원화에 비해서도 11.5% 절하되었다. 최

근 저렴해진 일본 여행이 급증하고 있는 것은 당연한 일이다.

　달러와 비교한 통화가치만 하락한 것은 아니다. 일본의 교역국 비

중과 물가를 반영한 통화의 실질가치, 즉 '실질실효환율'로 판단해

도 일본 엔화 가치는 2022년 이후 22.1% 하락하며 주요 27개 통화

중 압도적인 꼴찌다.

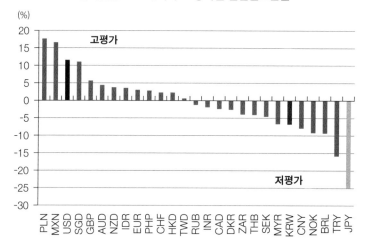

장기균형(10년) 대비 주요 통화별 실질실효환율

자료: BIS, KB증권

    환율의 고평가·저평가 여부를 판단하는 또 하나의 기준은 현재의 실질실효환율이 장기균형에서 얼마나 벗어나 있는지를 측정해보는 것인데, 이 기준으로도 엔화는 과거 5년과 10년 동안의 장기균형 대비 각각 20.1%, 24.8%가 저평가되어 모두 최하위를 기록중이다. 교역국과 물가의 가중치를 감안하면 어떤 나라와 비교해도, 어떤 시기와 비교해도, 지금의 엔화 가치 하락은 역대급이라는 얘기다.

    실질실효환율로 평가한 원화의 가치도 10년 장기균형 대비 6.8% 낮아 주요 통화 중에서는 상당히 저평가된 상태다. 그럼에도 불구하고, 아시아의 주요 무역 경쟁국인 중국 위안화와 엔화보다 저평가 폭이 작다는 것은 부담 요인이다.

달러/엔 환율 상승의 배경과 향후 전망

2022년 이후 달러/엔 환율 상승(엔화가치 하락)의 배경은 주로 미국과 일본의 통화정책 차별화에 따른 금리 차 확대였다. 미 연준은 2022년 3월부터 기준금리를 올리기 시작해 5.25~5.50%까지 인상했다. 반면 일본중앙은행(BOJ)은 양적·질적완화와 수익률곡선 통제정책(YCC: Yield Curve Control)을 통해 완화적 통화정책 기조를 계속 유지하고 있었다. 미국이 기준금리를 가파르게 인상하는 동안 일본의 기준금리는 -0.1%로 마이너스 금리정책을 고수하면서 미국과 일본의 금리 차이는 계속해서 확대되었다. 미국과 일본의 10년 만기 국채금리의 차이는 2022년 초 1.44%p에서 2023년 10월 말 4.15%p까지 확대되기도 했다.

달러 대비 엔화 가치의 하락이 멈추거나 강세로 전환되기 위해서는 미일 양국의 통화정책 차별화가 축소되어야 했다. 2024년 3월, 드디어 일본중앙은행(BOJ)이 17년 만에 정책금리 인상에 나서면서 마이너스 금리정책과 수익률곡선 통제정책을 동시에 종료했다. 미국과 일본의 10년 만기 국채금리의 차이도 3.46%p까지 대폭 축소되었다. 그럼에도 불구하고 달러/엔 환율은 7월까지 161엔을 돌파하며 38년 만에 최고치까지 상승했다(엔화 약세).

그러나 2024년 7월 말부터 변화의 조짐이 나타나기 시작했다. 미국의 고용시장이 빠른 속도로 위축되면서 연준이 연내 3~4차례 기준금리를 인하할 가능성이 강하게 반영되기 시작했고, 9월부터는 실제 기준금리 인하를 시작했다. 일본중앙은행(BOJ)은 2024년 7월 말 통화정책회의에서 깜짝 추가 기준금리 인상(0~0.1% → 0.25%)과 함께 양적긴축(QT)으로 전환하며 달러/엔 환율의 방향 전환이 나타나기 시작했다. 미국과 일본의 국채 10년 금리 차는 2.97%p로 3%p 아래로 좁혀졌고, 달러/엔 환율은 140.6엔까지 급격히 떨어지며 150엔을 하회했다.

최근 미국의 고용과 제조업 지표들이 빠르게 위축되면서 연준의 추가 기준금리 인하 기대도 가파르게 반영되고 있다. 2024년 9월 19일 기준 금리파생상품 시장에서는 2024년 말까지 추가 0.75%p, 2025년 말까지 추가로 약 1.00~1.25%p의 기준금리 인하 전망이 반영되어 있다. 2025년 말까지 2.75~3.00%로 총 2.50%p 인하할 것이라는 전망이다. 일본중앙은행은 향후 경제와 물가 흐름에 따라 추가적인 기준금리 인상도 가능하다고 밝혔다. 이처럼 양국의 통화정책이 반대 방향으로 움직이면서 미국과 일본의 금리 차가 축소되고 달러 대비 엔화 가치가 강세로 전환되고 있다.

다만 투자은행들의 전망은 아직 혼조세다. 엔화가 강세로 전환된다 하더라도 그 속도는 상당히 완만할 것으로 전망하고 있다. 미국과 일본의 금리 격차가 워낙 큰데다, 일본은 극심한 디플레이션을 오랫동안 겪었던 경험으로 인해 중앙은행의 통화정책 정상화 속도가 생각보다 느릴 가능성이 높기 때문이다.

일본중앙은행이 민간소비 부진에도 불구하고 금리를 인상하면서 일본 경제의 정상화가 어려워질 것이라는 시각도 있다. 일본은 GDP

대비 국가채무 비율이 250%를 넘기에 금리가 높아지는 것 자체도 큰 부담이다.

결국 향후 달러/엔 환율은 일본중앙은행의 움직임도 중요하지만 연준의 기준금리 인하 속도가 얼마나 더 현재의 기대보다 가팔라질 수 있는지가 더 중요하다. 만약 미국경제가 침체에 빠지거나, 2024년 11월의 미국 대선에서 트럼프 공화당 후보가 당선되어 엔화 강세를 압박할 경우 속도는 더 빨라질 수 있을 것이다.

엔화에 투자하는 3가지 방법

1985년 9월, 경상수지 적자에 시달리던 미국은 플라자합의를 통해 인위적으로 달러가치를 하락시키고 엔화와 독일 마크르화의 가치 상승을 유도하는 정책을 펼쳤다. 플라자합의 이후 달러/엔 환율은 230엔대에서 1년여 만인 1987년 말 120엔대까지 급락했던 역사가 있다(엔화 강세).

현재 전 세계 주요 통화 중에서 역대급 저평가 상태인 엔화를 일부 포트폴리오 관점에서 보유하는 것은 괜찮은 선택이라고 본다. 다만 연준의 금리인하 속도가 시장의 기대보다 더 가팔라지기 어렵다고 판단될 경우, 단기 환차익 목적으로는 엔화강세에 투자하기보다 차익실현에 나서는 것이 안전하다. 엔화에 투자하는 방법은 다음과 같은 3가지를 들 수 있다.

달러/엔 환율 추이

(엔)

플라자합의

자료: FRED

첫째, 원화 대비 엔화 강세의 성과를 누릴 수 있는 엔화 예금이나 국내 상장 엔화 선물 ETF를 활용할 수 있다. 순수하게 엔화 강세에 투자하기를 원하는 투자자에게 적합한 상품이다. 다만 ETF의 경우 환차익이더라도 ETF수익에 대한 배당소득세가 부과된다는 점은 단점이다. 경험적으로 달러/엔 환율이 하락(엔화 강세)할 때는 달러/원 환율도 같이 하락(원화 강세)한다. 2024년 9월 19일 기준 100엔당 원화 환율은 931원이다. 달러/엔 환율이 만약 140엔에서 130엔까지 하락한다고 가정했을 때 약 7%의 환차익을 기대하기 위해서는 달러/원 환율은 1,330원에서 1,300원까지 하락해야 가능하다.

둘째, 엔화로 미국 국채 또는 S&P 500 지수에 투자하는 방법도 있다. 일본 증시에 상장된 미국 국채 또는 S&P 500 지수의 ETF를 활용하는 방법인데, 달러/엔 환율이 헤지되어 있기 때문에 결국 원화보다 엔화 가치가 더 상승하고 미국 국채금리가 하락(채권가격 상승) 또는 주가가 상승할 때 유리한 구조다. 미국 30년 국채 엔화노출 ETF는 최근 국내에도 상장되었다. 다만 미국과 일본의 금리 차이가 여전히 큰 만큼 달러/엔 환율 헤지 비용이 높기 때문에 장기 투자에는 불리하다.

셋째, 경험적으로 엔화와 일본증시는 역의 상관관계를 가지기 때문에 엔화 강세는 일본 주식시장에 부정적이다. 일본 증시가 수출주를 중심으로 구성되어 있기 때문으로 추정된다. 엔화 강세와 일본 주식시장의 약세에 적극적으로 투자하는 엔화 노출 니케이225 인버스 ETF에 투자하는 방법도 있다.

자산관리 시장에서도 대전환은 시작되었다. 글로벌 자산관리 트렌드는 고객에게 더 많은 가치를 창출하는 '포트폴리오형 자문' 서비스로 빠르게 전환되는 중이다. 자산관리의 본질적인 경쟁력은 고객에게 더 많은 가치를 제공하는 투자자문 역량에 있다. 다이렉트 인덱싱은 투자자가 내 맘대로 지수를 구성해서 매매할 수 있도록 돕는 서비스다. 차세대 자산관리의 키워드인 투자자문, 고액자산가, 초개인화, 맞춤형, AI, 디지털이 결합되어 진화한 경우다. 계좌를 기반으로 한 자산운용 개념인 다이렉트 인덱싱이 확산될수록 펀드, ETF, 자문형 랩 등 투자기구(Vehicle)는 점차 사라지고 계좌 내에는 주식 포트폴리오가 전략별로 직접 운용될 것이다. 기술 발달과 AI의 활용으로 인해 기관의 전유물이었던 포트폴리오 매니저와 트레이더 기능이 개인에게도 제공됨에 따라 진정한 '초개인화된 맞춤형 자산운용'이 가능해졌다. 투자자들은 이제 '상품'이 아닌 '전략'에 투자하게 될 것이다. 금융회사의 본질적 경쟁력은 절세 최적화를 포함한 투자자문 역량과, 계좌의 대량 거래를 동시다발적으로 체결할 수 있는 계좌관리 플랫폼 역량이 될 것이다. 선제적인 투자와 경험 축적이 향후 자산관리 시장에서 금융회사의 위상을 가를 것이다.

5장

Next WM,
자산관리 시장의 미래

금융기관을 둘러싼 환경 변화, 부의 이전과 생성형 AI

상속, 증여가 부의 원천인 30~40대
젊은 금수저형 부자들이 빠른 속도로 증가하고 있다.
생성형 AI는 인간을 '대체'하기보다 '보조'하는
역할을 맡길 때 압도적이며 활용도가 높아질 것이다.

KB경영연구소의 '2023 한국 부자 보고서'에 따르면, 금융자산을 10억 원 이상 보유한 개인인 '한국의 부자' 수는 2023년 현재 45만 6천 명으로, 한국 총인구의 0.89%에 해당된다. 이들이 보유한 총금융자산은 2,747조 원으로, 이는 한국 전체 가계의 총금융자산인 4,652조 원의 59.0%에 달한다.

금융자산 규모를 기준으로 한국 부자를 세 그룹으로 나눠보면, 금융자산이 10억 원~100억 원 미만인 '자산가'는 41만 6천 명으로 한국 부자 중 91.2%를 차지했고, 금융자산이 100억 원~300억 원 미만인 '고자산가'는 3만 2천 명으로 6.9%를 차지했으며, 금융자산이

300억 원 이상인 '초고자산가'는 9천 명으로 1.9%였다. '초고자산가'는 한국 전체 인구의 0.02%에 해당된다.

보유한 총금융자산 규모는 그룹별로 '자산가'가 1,061조 원으로 한국 부자 전체 총금융자산의 38.6%를 차지했고, '고자산가'는 558조 원으로 20.3%를, '초고자산가'는 1,128조 원으로 41.1%를 차지했다. 우리나라 초고자산가 9천 명의 자산 1,128조 원은 한국 전체 가계가 보유한 총금융자산의 24.3%에 해당한다.

한국의 부자들은 누구인가?

한국 부자의 총자산은 부동산자산 56.2%와 금융자산 37.9%로 구성되어 있었으며, 그 외 회원권과 예술품 등 기타자산이 일부를 차지했다. 일반 가구의 총자산이 부동산자산 80.2%, 금융자산 15.6%로 구성된 것과 비교하면, 부자들의 금융자산 비중은 일반 가구 금융자산의 2.4배에 해당했다.

부자 중에서도 금융자산 규모 '30억 원 미만'은 총자산에서 부동산자산이 차지하는 비중이 60.3%인 데 비해 '30억 원 이상'은 부동산자산 비중이 48.1%였다. 즉 자산 규모가 클수록 금융자산 비중이 높아졌으며, 부동산자산과 비슷한 규모의 금융자산을 보유하고 있는 것으로 나타났다.

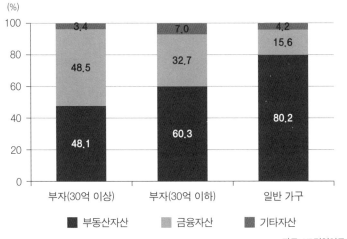

금융자산 규모별 자산 구성 비율

(%)

	부자(30억 이상)	부자(30억 이하)	일반 가구
기타자산	3.4	7.0	4.2
금융자산	48.5	32.7	15.6
부동산자산	48.1	60.3	80.2

■ 부동산자산　■ 금융자산　■ 기타자산

자료: KB경영연구소

　부자들이 자산을 축적하는 데 가장 기여도가 큰 원천은 '사업소득 (31.0%)'이었다. 스스로 자산을 축적하는 수단으로는 사업소득이 '근로소득(11.3%)'에 비해 3배 정도 많았고, 축적된 자산을 불리는 수단으로는 '부동산 투자(24.5%)'가 '금융투자(13.3%)'에 비해 2배 정도 높게 나타났다. 그 외에 상속, 증여 등으로 부자가 된 경우 역시 20%로 여전히 큰 비중을 차지했다.

　근로소득이나 사업소득이 부의 원천인 부자를 '자수성가형'으로, 상속이나 증여로 받은 자산이 부의 원천인 부자를 '금수저형'으로 정의하고 이 두 그룹을 비교해보았다. 자수성가형 부자는 2011년 전체 부자의 32.3%에서 2023년 42.3%로 증가했고(+10.0%p), 금수저형 부자는 2011년 13.7%에서 2023년 20.0%로 증가했다(+6.3%p). 반

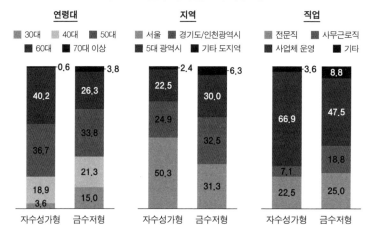

자산 원천별 부자의 일반적 특성 비교

연령대
■ 30대 ■ 40대 ■ 50대
■ 60대 ■ 70대 이상

지역
■ 서울 ■ 경기도/인천광역시
■ 5대 광역시 ■ 기타 도지역

직업
■ 전문직 ■ 사무근로직
■ 사업체 운영 ■ 기타

연령대

자수성가형: 0.6 / 40.2 / 36.7 / 18.9 / 3.6
금수저형: 3.8 / 26.3 / 33.8 / 21.3 / 15.0

지역

자수성가형: 2.4 / 22.5 / 24.9 / 50.3
금수저형: 6.3 / 30.0 / 32.5 / 31.3

직업

자수성가형: 3.6 / 66.9 / 7.1 / 22.5
금수저형: 8.8 / 47.5 / 18.8 / 25.0

주: 자수성가형 n=169, 금수저형 n=80
자료: KB경영연구소

면 부동산투자 이익이나 금융투자 이익이 부의 원천인 부자는 2011
년 54.0%에서 2023년 37.7%로 감소했다(-16.3%p). 즉 금융위기 이후
부의 원천은 소득 창출 능력 또는 상속, 증여가 투자보다 중요한 요
소였음을 의미한다.

연령대별로 살펴보면 두 그룹은 50대 이상이 73%에 달하지만 그
중 70대 이상은 1.6%에 불과했다. 흥미로운 점은 자수성가형 부자
중 30대는 3.6%에 불과한 반면, 금수저형 중 30대는 15.0%나 된다
는 것이다.

연령대로 판단했을 때, 금수저형 부자들은 이미 60대 때부터 자
녀들에게 부의 이전을 시작하고 있는 것으로 추정된다. 설문을 통해

'종잣돈으로 여기는 금액'은 약 8억 원이었는데, 이를 20~30대에 물려받은 비율은 금수저형이 43.8%로 자수성가형에 비해 11.3%p 정도 많았다.

금수저형은 전통적인 부자의 특징과도 다른 모습을 보였다. 금수저형은 전문직이 아닌 사무근로직임에도 불구하고 부자인 경우가 18.8%로 자수성가형의 7.1%보다 훨씬 높았고, 위험을 감수해야 하는 사업체 운영 비율도 47.5%로 자수성가형의 66.9%에 비해 3분의 2 수준으로 낮았다. 거주 지역도 자수성가형은 서울에 50.3%가 집중된 반면, 금수저형은 수도권과 광역시 비중이 서울보다 높았다.

또한 스스로 평가하는 금융상품에 대한 투자지식 수준에 대한 질문에도 큰 차이를 보였는데, 자수성가형은 자신의 투자지식이 '높은 수준'이라고 생각하는 응답이 50.3%를 차지했지만 금수저형은 35.0%에 불과했고, 금수저형은 오히려 '낮은 수준' 또는 '매우 낮은 수준'의 투자 지식을 가졌다는 응답이 61.3%나 차지했다.

금수저형은 상대적으로 투자 지식에 대한 자신감이 낮다 보니 투자 성향 역시 '안정형'과 '안정추구형'의 비중이 55.0%로 자수성가형의 42.6%보다 높았다. 금수저형은 투자 자체보다는 세무나 은퇴, 노후 상담에 대한 관심이 높았으며, 자수성가형은 부동산 및 금융투자, 경제동향 등 투자 자체에 대한 관심이 큰 것으로 나타났다.

생성형 AI가 금융기관을 변화시키다

충성도가 높았던 금융기관들의 주요 고객층이 빠른 속도로 고령화되면서 젊은 부자 고객들에 대한 관심이 증가하고 있다. 실제로 상속·증여가 부의 원천인 금수저형, 특히 30~40대의 젊은 금수저형 부자들이 빠른 속도로 증가하고 있다. 이들은 IT나 전문직에 종사하는 소위 '영리치'들과 달리 사무근로직인 경우가 많았고, 서울보다 수도권에 거주하고 있으며, 스스로 금융상품에 대한 투자지식이 낮다고 생각해 안정적인 투자를 선호하는 부자들이 다수였다. 금융기관들은 다양한 유형의 새로운 젊은 부자들을 만족시키기 위한 새로운 영업채널 구조와 전략 마련에 나서고 있다.

금융기관을 둘러싼 환경은 이미 변화가 시작되었다. 코인시장을 통해 투영된 젊은 고객들의 요구는 이미 기존 금융시스템에 빠르게 반영되고 있다. 주식을 1주 단위가 아닌 소수점 단위로 매매하는 소수점 주식 거래(fractional share trading)가 시작되었고, 주식과 해외주식 거래도 24시간 매매가 가능한 환경으로 변해가고 있다. 고객들에게 맞춤형 경험을 제공하는 '개인화(personalization)'도 핀테크를 통해 빠르게 도입되어 확산되는 중이다.

그러나 기존 금융기관들이 수행하는 환전과 송금 등은 즉시성, 편의성 측면에서 격차를 좁혀가고 있지만 아직 핀테크와 코인시장 수준에 도달하지는 못했다. 주식이나 ETF를 매매할 때 거래일(T)로부터 2거래일(T+2)에 대금이 결제되는 T+2일 결제제도, 그리고 자산운용사의 펀드를 매매할 때 매수에는 최소 3일이, 환매에는 해외펀드의 경우 최장 9일이 걸리는 시차 등은 아직도 개선의 여지가 있는 불편한 부분들이다.

생성형 인공지능(Generative AI) 기술을 활용한다면, 금융투자회사가 효율화할 수 있는 업무 영역도 상당하다. 현재는 'AI가 골라준 종목, AI가 만들어준 포트폴리오를 활용한 매매, AI가 만들어준 투자보고서' 등을 개발하는 데 시간과 비용을 투입하는 경우가 많다. 예를 들어 AI가 골라준 추천 주식 리스트, AI가 만들어낸 애널리스트의 투자보고서를 전문가가 사후에 투입되어 오류가 없는지 검증한 후, 이를 "AI가 생산한 보고서"라고 광고하는 것이다. 반짝 광고 효과가 있을지는 모르겠지만 보고서의 신뢰도와 책임이 모두 불투명함은 물론 지속 가능하지도 않다. AI가 포트폴리오를 짜주거나 종목을 추천하는 일은 언젠가 먼 미래에 가능할 수 있겠지만, 만약 가능하더라도 데이터와 학습량이 방대한 미국에서 먼저 의미 있는 결과를 만들어낼 것이다.

생성형 AI는 인간을 '대체'하기보다 '보조'하는 역할을 맡길 때 압도적이다. 즉 생성형 AI는 주식 추천이나 추천 상품을 골라내는 데 활용할 것이 아니라, 직관력을 가진 경험 많은 전문가들이 생성형 AI를 보조 수단으로 활용해 의사결정을 내릴 수 있도록 시스템을 짜야한다. 마이크로소프트의 AI 서비스 브랜드인 '코파일럿(Copilot, 부조종사)'이라는 이름 역시 기술이 인간을 '대체'하기보다 '보완'한다는 관점을 담고 있다.

향후 기술이 인간을 완전히 해방시킬 수 있을 것으로 기대하는 자율주행 기술은 인간 주행에 비해 당연히 사고율이 낮다. 그러나 '자율주행차는 사고가 없어야 한다' 또는 '인간이 납득할 수 있는 사고여야 한다'는 완벽한 기대를 충족시켜야 한다면, 자율주행이 인간 주행을 대체하는 것은 당분간 쉽지 않을 것이다. 자율주행 역시 인간의 대체재보다 보완재로 간주할 때 생성형 AI의 활용도는 더욱 높아질 것이다.

금융투자회사에서 생성형 AI는 데이터를 비롯한 정보의 기본적인 집계·조사·요약·분석 업무를 대체하면서 시작될 것이다. 단순 반복적인 지루한 일이나 사람이 실수할 가능성이 있는 일들을 신뢰와 속도 측면에서 보완할 수 있다. 국내 금융회사들도 생성형 AI 등을 어느 분야에 어떻게 적용할 것인지에 대한 고민이 깊다. 소비자들의 손에 닿는 당장의 결과물보다는 본질적인 업무 프로세스 개선과 디지털·IT 인프라 강화에 활용할 여지가 더 많아 보인다.

위험관리 시스템과 고객전략 영역 등은 의외로 그동안 투자가 부족했던 분야다. 트레이딩 등 고유자산의 위험관리뿐 아니라 랩·신탁을 포함한 고객자산의 통합 위험관리, 고객자산의 유출입 분석과 전략 수립, 개인화 등 고객 경험이나 불편 사항(pain point)의 수집 등에 생성형 AI를 유용하게 활용할 수 있을 것이다.

월가의 투자은행들이
경쟁적인 인수합병에 나선 이유

자산관리의 본질적인 경쟁력은 고객에게 더 많은 가치를 제공하는
투자자문 역량에 있다. 다이렉트 인덱싱은 차세대 자산관리의
키워드인 투자자문, 고액자산가, 초개인화, 맞춤형,
AI, 디지털이 결합되어 진화한 서비스다.

자산관리(Wealth Management)가 금융시장의 뜨거운 경쟁지로 떠오르고 있다. 전 세계적으로 금융업 내에서 자산관리 시장의 성장세가 최근 가장 두드러지고 있기 때문이다.

그동안 금융업의 중심은 주식, 채권, 예금, 대출 또는 투자상품 등을 원활하게 거래할 수 있는 접근성(Brokerage: 중개업무)을 제공하는 일이었다. 그러나 경제성장에 따른 부의 확대로 금융에 대한 다양한 수요가 증가하면서 1990년대 미국에서는 고객의 '자산 포트폴리오를 종합적으로 관리'하는 진정한 자산관리의 개념이 도입되었다. 이후 국내에서는 2008년 금융위기를 기점으로 일부 선두 금융회사들

이 이 개념을 도입하기 시작했다.

글로벌 투자은행의 자산관리 트렌드는 고객에게 더 많은 가치를 창출하는 '포트폴리오형 자문' 서비스로 빠르게 전환되는 중이다. 반면 국내 금융회사들의 진행 속도는 매우 느리다. 매킨지와 자본시장연구원에 따르면, 투자은행의 수익구조를 중개업무와 자산관리로 나눴을 때 글로벌 투자은행들의 자산관리 수익 비중은 지난 10년 동안 30%대에서 60%대로 빠르게 증가해왔다.

반면 같은 기간 동안 국내 금융투자회사(증권사)의 자산관리 수익 비중은 약 20%에서 오히려 10%대 초반으로 감소했다. 자산관리를 강화하고 있지만 실제로는 중개 수익 비중이 더 높아졌다. 최근 2년 동안 급증한 채권 수익은 자산관리로 분류되고 있지만 사실상 '중개 업무'다.

투자자문 인력(PB)의 조언에 따라 투자하는 고객도 우리나라는 약 30% 수준에 불과하지만 글로벌 투자은행들은 90% 이상이 이들의 도움을 받는다. 우리나라 금융회사들이 고객에게 제공하는 가치(value)가 크지 않거나 차별화되지 않는다는 의미다. 가치가 크지 않으니 신뢰가 약하고, 수수료를 부담스러워하며, 직접투자 비중이 높고, 본인의 정보 제공을 꺼리는 경향도 강하다. 그러나 우리나라 투자자들의 경우, 의미가 있다고 판단되는 가치나 금융정보 등을 얻기 위해서라면 개인정보 제공과 마케팅 동의, 비용 부담을 기꺼이 수용하려는 적극적인 성향을 동시에 가지고 있기도 하다. 뒤집어 생각해보면, 어떤 가치를 제공하는지에 따라 국내 자산관리 시장의 성장

잠재력은 상대적으로 더 크다는 의미도 된다.

글로벌 자산관리 시장에서도 '대전환'은 시작되었다. 미래의 자산관리 시장에서 금융회사의 본질적인 경쟁력은 '투자자문(Investment Advisory)' 역량에 있다. 글로벌 투자은행이 그랬던 것처럼, 중개업무(Brokerage)보다 고객에게 더 많은 가치를 제공하기 때문이다. 미래의 자산관리는 고객의 다양한 요구와 성향을 고려해서 그에 최적화되는 조언, 즉 가치 있는 자문을 제공할 수 있는지 여부에 따라 차별화될 것이다.

자산관리 트렌드는 '포트폴리오형 자문'으로 빠르게 전환되고 있다

다이렉트 인덱싱(Direct Indexing)은 투자자가 내 맘대로 지수를 구성해서 매매할 수 있도록 돕는 서비스다. 차세대 자산관리의 키워드인 투자자문, 고액자산가(HNWI: High Net Worth Individual), 초개인화, 맞춤형, AI, 디지털이 결합되어 진화한 경우다. 미국에서는 기술 발달과 함께 고액자산가들의 절세 전략으로 도입되어 시작되었다. 그러나 다이렉트 인덱싱의 본질에 집중해 예상되는 진화 과정을 상상해보면, 다이렉트 인덱싱은 단순한 절세 전략을 넘어 향후 자산관리 시장을 크게 변화시킬 수 있는 잠재력과 폭발력을 가지고 있다.

다이렉트 인덱싱을 통해 투자자는 펀드나 ETF처럼 투자기구

(Vehicle)를 통해 주식을 보유하는 대신, 주식 포트폴리오를 본인의 계좌에 직접 보유한다. 그리고 원클릭 일괄 주문을 통해 매매와 리밸런싱을 실행한다.

다이렉트 인덱싱의 확산은 초개인화와 투명성 확보, 그리고 절세 (Tax Loss Harvesting) 전략을 갖춘, '계좌를 기반으로 한 자산운용' 시대가 본격적으로 열리기 시작했다는 것을 의미한다. 계좌를 기반으로 한 다이렉트 인덱싱 서비스가 확산될수록 펀드, ETF, 자문형 랩 등 투자기구(Vehicle)는 사라지고 계좌 내에는 주식 포트폴리오가 전략별로 직접 운용될 것이다. 투자기구 중에서도 펀드와 자문형 랩 시장에 1차적으로 상당한 영향을 끼칠 것이다.

기술 발달과 AI의 활용으로 인해 기관투자자들의 전유물이었던 '포트폴리오 매니저'와 '트레이더' 기능이 이제는 개인 투자자들에게도 제공됨으로써 진정한 '초개인화된 맞춤형 자산운용'이 가능해졌다. 투자자들은 '개인화된 인덱싱(personalized indexing)'을 통해 '상품(product)'이 아닌 '전략(strategy)'에 투자하게 될 것이다. 다이렉트 인덱싱을 활용하면 상품을 찾거나 새로운 상품을 기다릴 필요없이 투자 아이디어를 즉시 실행에 옮길 수 있다.

이 과정에서 계좌와 데이터를 보유한 증권사는 플랫폼 비즈니스로 전환되면서 '전략 백화점'의 역할을, 자산운용사와 자문사는 '전략 제공'의 역할을 하게 될 것이다. 금융회사의 본질적 경쟁력은 절세 최적화(Tax alpha)를 포함한 '투자자문(advisory)' 역량과, 계좌의 대량 거래를 동시다발적으로 정확하게 체결할 수 있는 '계좌관리 플랫폼' 역량이 될 것이다. 다이렉트 인덱싱은 자산관리(WM)의 투자전략과 디지털, IT가 정교하게 결합되어야 한다. 선제적인 투자와 경험축적이 향후 자산관리 시장에서 금융회사의 위상을 가를 것이다.

다이렉트 인덱싱, 엄청난 속도로 성장하다

2021년 7월, 최대 패시브(Passive) 자산운용사이자 최초의 인덱스 펀드를 출시한 뱅가드(Vanguard)가 46년 역사상 처음으로 인수합병(M&A)에 나섰다는 소식이 전해졌다. 상대는 '저스트 인베스트(Just Invest)'라는 신생 다이렉트 인덱싱 솔루션 개발 업체였다. 이보다 앞선 2020년 11월에는 세계 최대의 자산운용사이자 'iShares' 브랜드로 ETF 시장 점유율 1위인 블랙락(BlackRock)이 또 다른 다이렉트 인덱싱 솔루션 업체인 '아페리오(Aperio Group)'를 10.5억 달러에 인수했다. 블랙락과 뱅가드는 명실상부한 세계 최대의 1, 2위 자산운용사이자 인덱스 펀드와 ETF의 최강자들이다.

2020년 10월에는 투자은행 모건스탠리(Morgan Stanley)가 최대의 다이렉트 인덱싱 서비스 제공업체인 '파라메트릭(Parametric)'을 자회사로 보유하고 있는 '이튼 반스(Eaton Vance)'를 70억 달러에 인수했다. 모건스탠리는 경쟁사들과 달리 ETF 비즈니스를 건너뛰고 바로 다이렉트 인덱싱에 진출한 경우다. 1992년부터 다이렉트 인덱싱 서비스를 제공하고 있는 파라메트릭을 인수하면서 모건스탠리는 단

월가의 다이렉트 인덱싱 기업 인수합병 사례

자료: Javelin Strategy & Research

미국 다이렉트 인덱싱 현황(2022년 말 기준)

회사명	자산규모 (단위: 십억 달러)	최소투자금액 (단위: 달러)	수수료	인덱스 옵션	개인화
Morgan Stanley	160	250,000	0.35%	Extensive	Extensive
Black Rock	55	250,000	0.35%	Extensive	Extensive
Fidelity	32	5,000/100,000	0.40%	Limited/Extensive	Limited/Extensive
Columbia	6	250,000	0.32%	Extensive	Extensive
Franklin Templeton	4	250,000	0.35%	Extensive	Extensive
Vanguard	3	250,000	0.20%	Extensive	Extensive
Charles Schwab	1	100,000	0.40%	Limited	Limited
J.P.Morgan	1	250,000	0.23%	Limited	Limited

자료: Morningstar

숨에 1,200억 달러에 달하는 다이렉트 인덱싱 자산규모를 확보하며 압도적인 업계 1위로 올라섰다. 그 외에도 찰스슈왑, 골드만삭스, JP 모건, 프랭클린템플턴 등 월가의 대형 투자은행과 자산운용사들의 다이렉트 인덱싱 업체 인수 경쟁은 2020년부터 시작되었다.

자산운용사와 투자은행들이 경쟁적으로 다이렉트 인덱싱(Direct Indexing) 기술을 확보하기 위해 나서고 있다. 엄청난 자금력과 인력을 가지고 있는 이들이 자체 역량을 활용해 기술 개발에 나서는 대신, 신사업에 진출하기 위해 다이렉트 인덱싱 기술 역량을 보유한 업체들을 적극적으로 인수한다는 소식은 자산운용업계의 관심을 집중시켰다. 다이렉트 인덱싱이 성장속도는 물론 잠재력이 폭발적이기 때문이다.

미국의 금융리서치 기관인 세룰리(Cerulli Associates)에 따르면, 다이렉트 인덱싱의 자산 규모는 향후 5년 동안(2021~2026년) 연평균 12.3%씩 성장해 ETF(9.5%), 개인자산관리계좌(7.2%), 뮤추얼펀드(-2.0%)보다 더 빠른 속도로 확대될 것으로 전망된다. 경영컨설팅 회

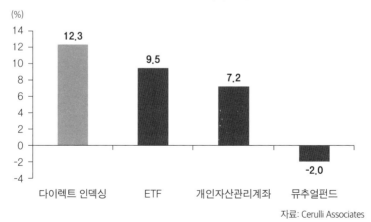

자산관리 수단: 향후 5년간 연평균 성장 전망(2021~2026년)

자료: Cerulli Associates

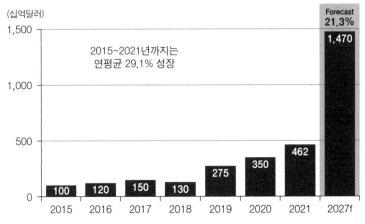

다이렉트 인덱싱 자산 규모(AUM), 2027년 1조 4,700억 달러 전망

(십억달러)

1,500

2015~2021년까지는
연평균 29.1% 성장

Forecast
21.3%

1,470

1,000

500

0

| 2015 | 2016 | 2017 | 2018 | 2019 | 2020 | 2021 | 2027f |
| 100 | 120 | 150 | 130 | 275 | 350 | 462 | |

자료: PwC Global AWM & ESG Research Centre

사인 PwC의 전망은 더 낙관적인데, PwC는 다이렉트 인덱싱이 연평균 21.3%씩 성장해 자산규모가 2021년 4,620억 달러에서 2027년에는 1조 4,700억 달러에 달할 것으로 예상했다. 6년 동안 3배 이상 성장한다는 전망이다.

글로벌 핀테크 리더인 브로드릿지(Broadridge)의 2022년 설문 조사에 따르면, 북미지역 1,060개 자산관리 회사 중에서 관리자산이 1천억 달러가 넘는 대형사의 대부분(84%)은 다이렉트 인덱싱 서비스를 제공하고 있었으며, 중형사(50~999억 달러)의 68%와 소형사(50억 달러 미만)의 46%도 서비스를 제공하고 있었다.

2015년부터 2021년까지 이미 연평균 29.1%의 폭발적인 성장을 보이고 있는 다이렉트 인덱싱이 차세대 자산관리 수단(Next WM)으로 진화하고 있다. 지난 20년에 걸쳐 펀드(뮤추얼펀드)가 ETF(상장지수펀드)에 점유율을 내준 것과 유사하게, 기술 발달과 함께 인지도가 높아지면서 다이렉트 인덱싱도 향후 ETF의 자리를 대체해나갈 것으로 전망된다.

자산관리 시장의 게임 체인저, 다이렉트 인덱싱

다이렉트 인덱싱은 절세 전략에서 출발했지만,
투자아이디어를 즉시 구현하려는 적극적인 수요를 흡수하며 성장할 것이다.
계좌 기반의 자산운용의 시대가 시작되면 펀드, ETF, 랩 등
투자기구(Vehicle)가 점차 사라질 것이다.

다이렉트 인덱싱(Direct Indexing)이란 개인의 선호와 투자목적 등을 반영해서 벤치마크를 구성하고(indexing), 이를 고객의 계좌 내에서 개별 종목 단위로 직접(direct) 운용하는 기술과 서비스를 말한다. 다이렉트 인덱싱을 통해 투자자는 펀드나 ETF처럼 투자기구(Vehicle)를 통해 간접적으로 주식을 보유하는 대신, 포트폴리오의 개별 주식을 본인의 '계좌에서 직접' 보유한다. 이를 통해 시장(index)을 추종하면서도 개인의 선호와 투자목적을 극대화해 포트폴리오를 운용할 수 있게 된다. 다이렉트 인덱싱 기술을 통해 투자자는 펀드, ETF 등 기존의 인덱스 상품으로는 불가능했던 자신만의 맞춤형 포트폴리오

를 구성할 수 있으며, 원클릭 일괄주문을 통해 여러 종목들을 동시에 쉽게 매매 또는 리밸런싱(rebalancing)할 수 있다.

다이렉트 인덱싱을 활용하면 가능한 사례들

기존의 펀드나 ETF가 시중에 나와 있는 상품 중 골라서 구매하는 '기성복'에 가깝다면, 다이렉트 인덱싱은 하나부터 열까지 개인의 핏(fit)에 맞춰 커스터마이징(customizing)한 '맞춤복'인 셈이다. 투자자는 개인의 선호와 목적에 따라 기존의 지수에서 특정 주식을 자유롭게 넣거나 빼면서 맞춤형 포트폴리오를 스스로 만들거나 편집할 수 있다. 활용 가능한 사례를 살펴보자.

위험노출 조정

S&P 500이나 KOSPI 등 주가지수에 투자하고 있는 경우, 특정 주식에 집중된 위험 분산을 위해 해당 종목의 노출도를 줄이거나 제거할 수 있다. 특정 기업의 대주주 또는 직원이라면 지수에서 위험분산을 위해 해당 산업이나 주식의 비중을 줄이거나 뺄 수 있다. 또한 의도적인 노출 조정도 가능하다. 예를 들면 S&P 500 지수에 투자하면서 엔비디아 또는 반도체 기업은 2배로 늘리고 유틸리티 기업은 절반으로 줄이는 형태의 조정이 가능하다.

▪️ 지속가능성(ESG)

ESG(환경, 사회, 지배구조), SRI(사회책임투자) 등의 투자철학에 맞지 않는 종목을 제거하거나 추가할 수 있다. 예를 들면 온실가스 배출량이 많거나 사회적으로 문제가 되는 기업을 제거할 수 있다.

▪️ 절세

S&P 500이나 KOSPI 등 주가지수에 투자하고 있는 경우, 포트폴리오에서 평가손실 중인 주식을 매도하고 상관관계가 높은 유사한

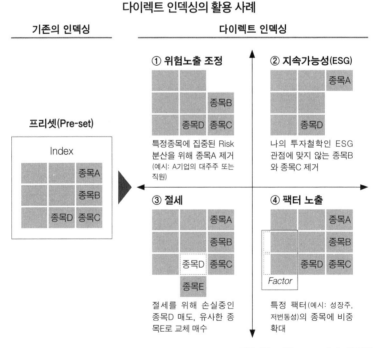

다이렉트 인덱싱의 활용 사례

자료: Oliver Wyman analysis, KB증권

주식으로 교체함으로써 '손익통산 절세(Tax-Loss Harvesting) 전략'에 활용할 수 있다. 예를 들어 LG에너지솔루션이 평가손실 중이라면 매도해서 과세표준을 줄인 뒤 같은 2차 전지 기업인 삼성SDI 주식으로 교체하는 방법이다(뒤에서 더 자세히 설명할 예정이다). 반대로 평가이익 중인 주식의 증여 또는 자선 기부를 통해 역시 절세 전략에 활용할 수 있다.

⁝⁝ 팩터(factor) 노출

가치, 성장, 고배당, 저변동성, 퀄리티(재무적으로 우량한 기업), 모멘텀, 어닝 서프라이즈(기업실적이 시장예상을 초과한 기업), 외국인 수급, 시가총액 등 특정 팩터에 해당하는 주식의 비중을 늘리거나 줄일 수 있다. 예를 들면 KOSPI 200 지수 내에서 주가수익비율(P/E)은 1배 이하이면서 영업이익 성장률이 상위 30% 이내의 외국인 매수가 집중되는 기업을 골라서 자신만의 포트폴리오를 구성하고 투자할 수 있다.

⁝⁝ 원하는 지수들을 결합할 수 있다

예를 들면 IT 산업과 헬스케어, 에너지 전환 산업으로만 지수를 구성할 수 있다. 그 안에서 재무적으로 우량한 기업들만 추려서 구성할 수도 있다. 팩터 노출을 적용하면 더 정교하게 원하는 주식을 골라서 담을 수 있다. 앞 장에서 다룬 AI 밸류체인은 물론, 인도와 베트남, 중국의 일부 산업을 묶어 알타시아(Altasia) 지수를 만드는 것도 가능하다.

계좌를 기반으로 자산운용을 시작하다

투자자는 펀드나 ETF처럼 투자기구(Vehicle)를 통해 간접적으로 주식을 보유하는 대신, 주식 포트폴리오를 본인의 계좌에 직접 보유한다. 그리고 원클릭 일괄주문을 통해 여러 종목을 동시에 매매한다. 기존의 펀드·ETF가 개별 주식들을 묶음으로 투자하는 집합투자(bundling)의 형태였다면, 다이렉트 인덱싱은 개별 주식을 본인의 계좌에서 직접 보유함으로써 집합투자를 해체하고(unbundling) 재구성해 '나만의 지수(index)'를 만들어 투자하려는 시도다.

뱅가드는 자사의 다이렉트 인덱싱 서비스를 '개인화 인덱싱(Vanguard Personalized Indexing)'이라고 이름 붙였다. 다이렉트 인덱싱처럼 '계좌를 기반으로 한 자산운용'의 시대가 시작되면 궁극적으로 펀드, ETF, 자문형 랩, 신탁 등 투자기구(Vehicle)가 사라질 것이다.

기존의 펀드가 액티브(Active) 투자이고 기존의 ETF를 패시브(Passive) 투자라고 한다면, 다이렉트 인덱싱은 그 중간 정도의 성격을 가지고 있다. 패시브 투자를 기본으로 하면서도 내가 원하는 산업과 종목을 추가하거나 뺄 수 있기 때문이다. 포트폴리오 구성이 마음에 들지 않는다면 자유롭게 종목을 조정할 수 있다는 것은 상당한 장점이다.

다이렉트 인덱싱을 흔히 '나만의 ETF'라고 표현하지만 사실 ETF와는 근본적으로 다른 차별점이다. 펀드나 ETF는 전체 포트폴리오 안에서 개별 주식이 실시간으로 현재 어떻게 운용되고 있는지 정확히 알기 힘들지만 다이렉트 인덱싱은 자신의 계좌 안에서 매매 현황을 언제든 실시간으로 확인할 수 있다는 투명성도 장점으로 꼽힌다.

주요 서비스는 절세 전략에서 출발

다이렉트 인덱싱은 파라메트릭(모건스탠리가 인수), 아페리오(블랙락이 인수) 등을 중심으로 과거 미국시장 내 SMA(Separated Managed Account: 개인자산관리계좌, 랩 어카운트와 유사)를 개설한 소수의 고액자산가를 대상으로 맞춤형 포트폴리오를 구성하고 투자하는 서비스로부터 출발했다. 미국 내 투자자의 자본이득세(capital gain tax)를 최소화하기 위한 '손익 통산이나 손실 이월을 활용한 절세(Tax-Loss Harvesting)' 전략이 주요 서비스였다.

다이렉트 인덱싱의 주요 서비스인 '손익통산 절세(Tax-Loss Harvesting)' 전략에 대해 알아보자. 우리나라 투자자들의 경우 해외주식의 양도소득세는 '(양도차익-250만 원)×22%'로 계산된다. 즉 해외주식에서 실현한 수익이 연중 250만 원을 초과할 경우, 초과분에 대해 22%의 양도소득세가 부과된다. 다만 연중 실현한 수익뿐 아니라 손실도 포함해 순수익에 대해서만 과세하기 때문에 평가손실 중인 해외주식을 매도하면 양도차익과 양도소득세를 줄일 수 있다. 예를 들어 해외주식에서 이미 실현한 수익이 1천만 원이 있고, 또 다른 A해

다이렉트 인덱싱과 펀드, ETF, 랩 어카운트 비교

	펀드	ETF	랩 어카운트	다이렉트 인덱싱
투자 형태	집합투자	집합투자	개별투자	개별투자
투자자 임의대로 포트폴리오 변경	불가능 (해지 후 다른 상품 구매)	불가능 (해지 후 다른 상품 구매)	제도적으로 가능하나 실질적으로 어려움	언제든 가능
투명성	낮음	높음	높음	높음
투자 편의성	낮음	높음	낮음	아직 낮음
비용	고비용	저비용	고비용	중간
포트폴리오 구성주체	운용기관	운용기관	운용기관	투자자 본인 (프리셋은 운용기관 제공)
투자 방법	자동 일괄 배분	자동 일괄 배분	자동 일괄 배분 투자종목 지정 가능	자동 일괄 배분 투자종목 지정 가능
주식 거래 단위	소수점 거래 가능	소수점 거래 가능	1주	소수점 거래 가능

자료: KB경영연구소, KB증권

외주식에서는 600만 원의 평가손실이 발생하고 있다고 가정하자. A주식을 연말까지 그대로 보유한다면, 실현 수익 1천만 원에 대한 양도소득세 165만 원을 납부해야 한다[(1천만 원-250만 원)×22%]. 그러나 연내에 A주식을 매도해 600만 원의 손실을 실현시킨다면 실현 수익이 1천만 원에서 400만 원으로 감소하기 때문에 결과적으로 132만 원의 세금을 절약할 수 있다[{(1천만 원-600만 원)-250만 원}×22%].

다이렉트 인덱싱의 '손익통산 절세(Tax-Loss Harvesting)' 전략도 동일한 개념이다. 예를 들어보자. 'S&P 500 지수'는 미국에 상장된 시가총액 상위 500개 기업들로 구성된 미국의 대표 주가지수다. 이 지수를 추종하는 미국 최초이자 세계 최대의 ETF는 'SPY'이다. '스파이더'라는 애칭을 가진 'SPDR' ETF 브랜드로 유명한 미국의 자산운용사 스테이트스트리트 글로벌어드바이저(SSGA: State Street Global Advisor)가 운용한다. 2023년 연간 S&P 500 지수는 26.3% 상승했다. 만약 2023년에 어떤 투자자가 SPY ETF를 매수했다면, 자본차익 26.3%에 대한 자본이득세를 내야 한다. 그러나 만약 투자자가 ETF를 구성하고 있는 500여 개의 주식을 비중대로 똑같이 복제해서 본인의 계좌에 담을 수 있다면 절세 전략을 실행할 수 있다. 2023년 S&P 500 지수는 26.3%나 올랐지만 지수를 구성하는 주식 중 171개는 마이너스 수익률로 손실을 기록했고, 그 중에서 72%는 연중 어느 시점에서 최소 15% 이상 하락했다. 이들을 연중 매도해 손실을 실현시킨 후 동일 금액을 즉시 매수했다면 그만큼 세금을 절약할 수 있다.

다만 미국에서는 이러한 절세 전략을 방지하기 위한 '세탁매매 방지법안(Wash sale rule)'이 마련되어 있다. 매도한 주식과 동일한 주식을 30일 내에 다시 매수할 경우 절세를 인정하지 않는 법안이다. 따라서 다이렉트 인덱싱 솔루션 업체들은 매도한 주식과 움직임이 유사한, 즉 상관관계가 높은 다른 주식을 찾아 매수하도록 함으로써 계좌의 주식들이 SPY ETF의 가격 변동과 괴리가 발생하지 않도록

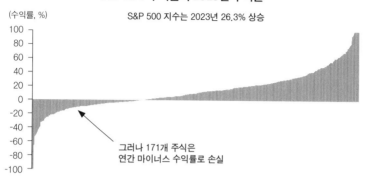

S&P 500 주식들의 2023년 수익률

(수익률, %)

S&P 500 지수는 2023년 26.3% 상승

그러나 171개 주식은
연간 마이너스 수익률로 손실

자료: Bloomberg

하는 역할을 함께 수행한다. 비중 조절이 정확해야 하기 때문에 소수점 거래 분석과 정교한 체결 능력이 중요한 변수가 된다.

결론적으로 미국처럼 다이렉트 인덱싱의 주요 서비스인 '손익통산 절세(Tax-Loss Harvesting)' 전략을 활용하기 위해서는 투자자의 계좌에서 주식들을 동시다발적으로 매수해 지수를 추종하되 소수점 거래가 정교해야 한다. 또한 자본이득세를 줄이기 위한 매매 전략, 즉 평가손실이 발생한 주식을 매도해 세금을 줄일 뿐 아니라 유입된 현금으로 해당 포트폴리오의 투자목적에 부합하는 대체 가능한 종목들을 추천해 매수하는 리밸런싱 전략도 중요하다. 절세를 목적으로 매도했다가 주가가 반등하면 투자 기회를 놓칠 수 있기 때문이다. 이 모든 과정을 시스템에서 실시간으로 모니터링하고 '세금 알파(Tax alpha)'의 기회가 포착되면 신속 정확하게 실행할 수 있어야 한다.

따라서 과거 미국에서 다이렉트 인덱싱의 주요 고객은 고액자산가였다. 복잡한 절세 전략을 활용하기 위해서는 지수 추종에 필요한 최소 거래 규모가 커야 했고, 수수료도 비쌀 수밖에 없었다. 비싼 수수료를 감안하더라도 납부해야 할 자본이득세가 더 큰 고액자산가들만이 다이렉트 인덱싱에 대한 수요가 있었다.

그러나 팬데믹 이후 방대한 데이터를 신속하게 처리할 수 있는 기술과 인공지능(AI) 기술이 빠르게 발달하면서 점차 일반 투자자들도 다이렉트 인덱싱 서비스의 저변이 확대되었다. 2022년 상반기에 찰스슈왑(Charles Schwab)은 개인 고객을 대상으로 최소 자산 규모 10만 달러의 다이렉트 인덱싱 서비스를 출시했고, 피델리티(Fidelity Investments)는 최소 투자금액을 당시 업계 최저인 5천 달러로 낮춰 대중부유층(mass affluent: 금융자산 1억~10억 원)을 대상으로 한 온라인 다이렉트 인덱싱 'Managed Fidfolios'를 새롭게 선보였다. 이후 미국의 핀테크 기업인 알트루이스트(Altruist)가 피델리티보다 최소 투자금액을 더 낮춘 2천 달러에 출시하며 소규모 투자자 유치 경쟁에 불을 붙였다. 이처럼 미국의 경우 다이렉트 인덱싱은 투자 시장의 패러다임을 바꿀 새 물결로 주목받고 있다.

우리나라의 경우 미국처럼 패시브한(Passive) 손익통산 절세 전략 수요도 있지만, 새로운 투자 아이디어나 테마를 20~30개 주식으로 압축해 투자하고자 하는 적극적인(Active) 수요도 많다. 그러므로 다이렉트 인덱싱은 기술 발달과 투자자들의 적극적인 투자, 개인화(personalization) 요구 추세와 맞물리며 빠른 속도로 성장할 것으로 예상된다.

자산관리의 미래,
'상품'이 아닌 '전략'에 투자하는 시대

기관의 포트폴리오 매니저와 트레이더 기능이 개인에게 제공되면서
초개인화된 맞춤형 자산운용이 가능해졌다.
금융회사의 본질적 경쟁력은 투자자문과
계좌관리 플랫폼 역량이 될 것이다.

다이렉트 인덱싱을 통해 투자자는 펀드나 ETF처럼 투자기구 (Vehicle)를 통해 주식을 보유하는 대신, 주식 포트폴리오를 본인의 계좌에 직접 보유한다. 그리고 원클릭 일괄 주문을 통해 매매를 실행한다. 다이렉트 인덱싱의 확산은 초개인화와 투명성 확보, 그리고 절세(Tax Loss Harvesting) 전략을 갖춘, '계좌를 기반으로 한 자산운용' 시대가 본격적으로 열리기 시작했다는 것을 의미한다. 계좌를 기반으로 한 다이렉트 인덱싱 서비스가 확산될수록 펀드, ETF, 자문형 랩 등 투자기구(Vehicle)는 점차 사라질 것이다.

기술 발달과 AI의 활용으로 인해 기관투자자들의 전유물이었던

'포트폴리오 매니저'와 '트레이더' 기능이 이제는 개인 투자자들에게도 제공됨으로써 진정한 '초개인화된 맞춤형 자산운용'이 가능해졌다. 투자자들은 '개인화된 인덱싱(personalized indexing)'을 통해 '상품(product)'이 아닌 '전략(strategy)'에 투자하게 될 것이다. 계좌와 데이터를 보유한 증권사는 플랫폼 비즈니스로 전환되면서 '전략 백화점'의 역할을, 자산운용사와 자문사는 '전략 제공'의 역할을 하게 될 것이다. 금융회사의 본질적 경쟁력은 절세 최적화(Tax alpha)를 포함한 '투자자문(advisory)' 역량과, 계좌의 대량 거래를 동시다발적으로 정확하게 체결할 수 있는 '계좌관리 플랫폼' 역량이 될 것이다. 선제적인 투자와 경험 축적이 향후 자산관리 시장에서 금융회사의 위상을 가를 것이다.

금융투자업의 본질은 결국 다음 3가지 과정의 연결이다. 첫 번째는 '투자 아이디어'를 발굴하는 것, 두 번째는 그 아이디어가 싼지 비싼지 적정가치를 판단하는 '밸류에이션(valuation)'하는 것, 그리고 세 번째는 언제 어떤 비용으로 행동할지 결정해서 '실행(execution)'하는 것이다. 금융투자업의 어떤 분야든지 만족할 만한 결과를 얻기 위해서는 3가지 연결고리를 잘 수행할 수 있도록 점검하고 기획해야 한다. 온·오프라인 자산관리(Wealth Management)는 물론 트레이딩(자산운용)과 IB(투자은행) 부문도 마찬가지다. 자산관리 측면에서 투자자들의 불편함(pain point)도 대부분 3가지 연결고리에서 발생한다. 다이렉트 인덱싱의 구조를 3가지 연결고리 측면에서 살펴보자.

투자 아이디어 및 테마 발굴

언제, 어디에 투자할 것인지를 찾고 결정하는 것은 모든 투자자들의 고민거리다. 많은 금융투자회사들이 '자산관리의 동반자' '평생 투자파트너'를 표방하고 있지만 자산관리 시장의 뼈아픈 경험들은 대부분 자산가격이 7~8부 능선까지 상승한 시점에서 상품을 추천하고 투자해 고객들이 깊은 손실에 노출된 경우다.

최근 몇 년 동안만 해도 비대면(untact), 친환경, 메타버스, NFT, 수소, 2차전지, 자율주행, 반도체 소재·부품·장비, 챗GPT, 인공지능(AI), 전력설비 등 다양한 투자 아이디어와 테마가 있었다. 그러나 정작 투자 가능한 펀드나 ETF 등의 관련 상품은 대부분 가격 상승이 시작된 뒤에야 사후적으로 출시되었다. 상품을 기획하는 단계부터 당국의 심사와 승인, 그리고 판매사 선정(펀드) 또는 상장(ETF) 등의 절차를 거칠 때까지 최소 3~6개월 정도의 시간이 소요되기 때문이다.

초기에는 관련 상품이 아직 출시되지 않았거나, 아예 지수(index)가 존재하지 않는 경우도 많았다. 급한 마음에 유망하다는 주식을 1~2종목 골라 사자니 위험 부담도 크고, 내가 산 주식이 주도주가 될지 여부도 불분명하다. 결국 가격 상승이 시작된 지 3~6개월이 지나서야 상품이 출시되고, 이후에는 머지않아 가격이 하락세로 접어드는 경우가 많다. 물론 장기 투자아이디어의 경우 짧은 가격 조정을 거쳐 다시 추세적인 상승을 이어가는 경우도 있다. 그러나 상품을 매수한 초기에 마이너스 수익률로 조정을 견뎌내는 것은 고통스러운 일이다.

하지만 다이렉트 인덱싱을 활용하면 상품을 찾거나 기다릴 필요 없이 투자 아이디어를 즉시 실행에 옮길 수 있다. 투자자는 금융투자회사의 자문을 받아 포트폴리오를 구성한 후에 계좌에 담고 원클릭 일괄매매 주문을 내면 투자는 이 시점에서부터 즉시 시작된다. 이 과정은 하루면 충분하다. 금융투자회사의 자문 역량에 따른 차별화가 나타날 것이다.

금융투자회사는 투자자가 관심 있어 하는 투자전략 아이디어를 미리 발굴해 추출한 주식 포트폴리오 프리셋(Pre-set)을 사전에 제공한다. 포트폴리오 구성 초기, 투자자들의 어려움을 해소하기 위한 목적이다. 투자 아이디어 발굴에는 금융투자회사의 자체 역량과 함께 AI 기술 활용이 중요하다. 시장에서 화두가 되는 키워드나 테마를 추출할 때 AI의 자연어 처리 기법을 사용하면 유행 종목에 대한 키워드를 신속하게 조합해 테마를 찾아내고, 이후 전문가과 퀀트 역량을 바탕으로 재무적인 검증을 거친 후에 완성된 프리셋을 제공하면 된다.

전략(프리셋)은 일회성으로 제공되지 않고 지속적으로 관리되며 업데이트 되어야 한다. 투자자에게 20~30개 주식으로 구성된 포트폴리오 프리셋을 제공했는데, 그로부터 몇 달 뒤 해당 투자 테마의 인기가 시들해지거나 과열된다면 리밸런싱을 해야 하기 때문이다. 포트폴리오의 일부를 새로운 주식으로 교체하거나, 전체 포트폴리오

다이렉트 인덱싱: 팩터들을 활용한 포트폴리오 구성

다이렉트 인덱싱: 포트폴리오 구성과 백 테스팅

를 새로운 전략으로 교체할 수도 있다.

다이렉트 인덱싱은 청산에도 강점이 있다. 해외펀드의 경우 환매 시 최장 9일이 소요되는데, 다이렉트 인덱싱을 활용하면 해외주식 과 동일하게 T+2일이면 자금 인출이 가능하다.

밸류에이션(valuation: 적정가치 평가)

투자 아이디어나 테마를 발굴하고 결정했으면, 저평가 또는 해당 기업들을 골라 포트폴리오를 구성해야 한다. 이 단계에서는 리서치 와 계량분석(퀀트) 역량, 그리고 AI를 기반으로 한 '포트폴리오 구성 엔진'과 이를 활용할 '투자자문 인력(PB)'이 핵심이다. 이를 활용해 투자자는 상상하는 모든 아이디어를 포트폴리오로 즉시 구현할 수 있다. 백 테스팅은 물론 시뮬레이션도 가능하다.

'포트폴리오 구성 엔진'은 주식의 수익률에 영향을 미치는 다양한 팩터(factor)들, 즉 가치, 성장, 고배당, 저변동성, 퀄리티(재무적으로 우량 한 기업), 모멘텀, 어닝 서프라이즈(기업실적이 시장 예상을 초과한 기업), 외국 인 수급, 시가총액 등을 활용해 투자자가 직접 주식을 선별하고 포 트폴리오를 쉽게 구성할 수 있도록 설계된다. 재무적인 지식이 부족 하더라도 '저평가 상위 30%' '성장성 상위 20%' 등의 백분율 설정 만으로도 기업들을 골라내도록 할 수 있다.

신산업 분야는 팩터를 활용한 포트폴리오 구성이 어려울 수 있다.

이럴 땐 AI를 활용해 기업들의 사업보고서와 뉴스를 읽혀 키워드 분석이 가능하다. 신산업의 밸류체인을 분석한 후 관련 비즈니스를 영위하거나 매출이 발생하고 있는 기업, 최고경영자(CEO)가 해당 사업 분야에 대한 청사진을 발표한 기업 등을 골라낸 뒤, 그 중에서도 재무적으로 안정된 기업을 추려 최종적으로 약 20~30개 종목으로 구성된 프리셋 포트폴리오를 만들 수 있다.

다이렉트 인덱싱은 계좌를 기반으로 하기 때문에 기존의 지수(index)에서 원하는 주식을 넣거나 빼는 것은 물론이고 지수로 만들어지기 어려운 포트폴리오를 새로 구성하는 것도 가능하다. 예를 들면 'PBR(주가순자산비율)이 낮고 ROE(자기자본이익률)가 높은 주식 중 자사주 매입 비율이 높은 밸류업 기업들' '매출전망치가 과거 5년 평균 대비 15% 이상 증가할 것으로 기대되는 코스닥 실적 성장주들' '현재 임상 2상·3상이 진행 중이면서 글로벌 제약사들과 기술 이전 계약을 체결한 한국 바이오 기업들' 'HBM 반도체와 밸류체인 기업들' '최근 1년 내 신규 IPO(기업공개) 기업들', 정책 주도주로 등장했던 '태조이방원(태양광, 조선, 이차전지, 방산, 원자력)의 대표 주식들' 등 모든 투자 아이디어에 대한 포트폴리오 구성이 가능하다.

모든 과정에서 '본사의 투자전략 부서와 투자자문 인력(PB)'의 역량이 중요하다. 투자 아이디어가 있다 하더라도 개인 투자자들이 직접 포트폴리오를 구성하는 것은 쉽지 않은 문제이기 때문이다. 금융투자회사는 다양한 아이디어를 기반으로 주식들을 미리 골라 담은 포트폴리오 프리셋(Pre-set)들을 자문인력(PB)과 투자자에게 제공하고, 투자자들은 담당 투자자문 인력(PB)과 의견을 나누면서 최종적으로 개인화된 포트폴리오를 확정하고 투자하면 된다. 이 단계에서 투자자가 체감하는 개인화의 효능은 상당할 것이다.

첫 번째와 두 번째 연결고리인 '투자 아이디어' 발굴과 '밸류에이션'은 그동안 자산운용사가 전문적으로 수행하던 '포트폴리오 매니저' 기능이다. 다이렉트 인덱싱의 확산은 투자자문 역량에 따라 금융투자회사가 본질적으로 차별화되는 계기가 될 것이며, 투자자는 자문인력을 통해 이 기능을 활용하게 되면서 금융투자회사의 차별화된 가치를 체감하게 될 것이다.

실행(execution)

실행을 위해서는 전략(포트폴리오)들을 원클릭 일괄매매로 정확하게 체결하는 '계좌관리 플랫폼' 구축이 선행되어야 한다. 지금까지 투자자의 계좌에는 A 주식, B ETF, C 펀드, D 자문형 랩 등이 상품별로, 즉 투자기구(Vehicle)별로 분류되어 운용되었다. 그러나 계좌를 기반으로 한 다이렉트 인덱싱 서비스가 확산될수록 계좌 내에 투자기구(Vehicle)는 사라지고 A 전략, B 전략, C 전략, D 전략이 모두 전략(포트폴리오)별로 분류되어 운용될 것이다. 이를 위해서 '계좌관리 플랫폼'에는 한 계좌 내에서 다양한 전략(포트폴리오)이 동시에 운용되는 '대량전략 동시운용'과, 다양한 투자자 계좌의 다양한 전략이 동시에 운용되는 '대량계좌 동시운용' 기능이 모두 구축되어야 한다. 주식 등 유가증권의 매매주문 체결이 본업인 증권사의 '계좌관리 플랫폼' 역량은 본원적인 핵심 경쟁력이 될 것이다.

지금까지는 10종목의 주식을 매수하기 위해 투자자는 10번의 매수 주문을 내고 체결 여부를 확인한 뒤 필요하면 정정주문을 내야 했다. 모든 투자자가 동일한 포트폴리오를 보유한 집합투자 상품인 펀드나 ETF와는 달리, 개인화된 다이렉트 인덱싱은 다수의 투자자가 각각 다수의 전략(포트폴리오)을 보유한다. 계좌관리 플랫폼은 한 번 주문으로 여러 종목들의 동시다발적인 매매 체결이 가능해야 한다. 그러므로 인공지능(AI)이나 로보어드바이저(RA) 기술의 결합은 필수다.

예를 들면 1) 투자자가 확인하지 않아도 주식 체결이 보장되는 최적가격 주문이 가능해야 한다. 2) 신규 매수, 교체 매매, 매도 등 각각의 계좌 상황을 고려한 맞춤형 주문이 이뤄져야 한다. 3) 포트폴리오 교체 매매의 경우 매수와 매도가 동시에 일어나게 되는데, 가격에 유리한 종목의 매매가 먼저 일어나야 한다. 4) 계좌 내에 남는 현금 보유를 최소화해야 하고, 5) 계좌 간에 어느 한 쪽이 유리한 거래가 이뤄져서는 안 된다. 6) 개인 투자자에게는 프로그램 매매가 금지되어 있기 때문에 별도의 프로세스가 마련되어야 한다. 이를 종합하면, 증권사의 '트레이더' 기능이 개인 투자자에게도 제공된다는 의미다.

이로써 투자기구(Vehicle)를 기반으로 비즈니스를 영위했던 금융투자회사는 계좌관리 플랫폼을 통해 '상품'이 아닌 '전략'을 제공하게 될 것이다. 본질적으로 '상품판매' 회사에서 고객의 수익률을 관리하는 '포트폴리오 자문' 회사로 변신한다는 의미가 있다. 투자자들의 입장에서는 '상품'이 아닌 '전략'에 투자하는 시대가 열릴 것이다.

투자자는 계좌 내에서 일어나는 일임 매매를 실시간으로 확인할 수 있고, 때에 따라서는 직접 매매를 할 수도 있다. 좋은 전략(포트폴리오)을 운용할 역량이 있지만 판매력이 약한 중소형 자산운용사와 자문사의 경우에는 기회가 될 수 있다. '계좌관리 플랫폼'을 통해 투자자에게 낮은 비용으로 전략을 자문할 수 있기 때문이다.

'플랫폼'의 확산으로 전통적인 '중개자'의 역할이 사라지는 추세는 자산관리 시장에도 예외가 아니다. 자산관리 시장에서는 향후 진정한 '개인화된 맞춤형 자산운용'의 시대가 열릴 것이다.

월가의 투자은행들이 경쟁적인 인수합병에 나서는 등 다이렉트 인덱싱은 아직 초기 단계지만 미국에서 빠르게 확산되고 있다. 젊은 고객들이 수요를 주도하고 있으며, 투자자 교육에 대한 필요성이 높아지고 있다. 다이렉트 인덱싱은 투자기구(Vehicle) 중에서도 특히 펀드와 자문형 랩 시장에 1차적으로 상당한 영향을 미칠 것이다. 내 마음대로 가능한 맞춤형 포트폴리오와 절세 전략이 강점인 다이렉트 인덱싱은 향후 투자자문 인력(PB)들에게도 핵심적인 차별화 경쟁 포인트로 활용될 것이다.

안정적이고 꾸준한 수익률을 지속적으로 내는 방법을 찾는 '솔루션 비즈니스'는 성장산업이다. 애널리스트와 펀드매니저는 자신의 의견을 독립적으로 제시하거나 포트폴리오에 반영하여 노력한 결과물로 평가받는 것이 가장 큰 매력이다. 눈여겨보는 데이터는 컨센서스다. 지금 시장을 움직이는 동인(Market Driver)을 찾고, 얼마나 반영되어 있는지 파악하기 위해 중요하다. 경제지표의 보도자료를 먼저 읽고 예상해본 후에 실제 시장 반응과 맞춰보는 연습을 반복하는 것이 좋다. 경기의 큰 흐름을 파악하고 투자할 때와 아닐 때를 구별하는 것이 중요하다. 추세적 상승장은 위험선호에 의해 밸류에이션(P/E) 멀티플이 상승할 때 나타난다. 메가트렌드에 대한 장기 적립식 투자가 시작하기 가장 쉽고 승률도 높다. 내 월급으로 AI, 빅테크 회사들이 열심히 일한 결과를 나눠 갖도록 세팅해야 한다. '금융'의 본질은 자금이 필요한 곳과 여유 있는 곳을 연결해주는 일이다. 필요한 곳에 자금이 흘러 가도록 함으로써 아이디어를 가진 사람과 기업에게는 성장의 기회를 주고, 투자자에게는 수혜를 나눠주는 중요한 일이다. 자신의 직업에 철학과 의미를 담아 일할 때 보람이 있고 즐겁다. 유혹을 이기는 바탕이 되기도 한다.

내일을 꿈꾸는
투자자들을 위한 조언

애널리스트, 펀드매니저, 자산관리 비즈니스의 매력

안정적이고 꾸준한 수익률을 지속적으로 내는 방법을 찾는
솔루션 비즈니스는 성장산업이다.
금융투자 회사의 사업 구조가 다양해짐에 따라
애널리스트에게 요구되는 역할도 달라지고 있다.

경력을 소개하자면, 2018년부터 KB증권에서 수석전략가(Chief Strategist)로 일하면서 리서치센터장을 맡았고, 2022년부터는 리테일 고객들에게 투자전략, 상품 소싱 및 추천, 자문, 모델 포트폴리오(MP) 운용과 일임 운용을 총괄하는 자산관리 최고투자책임자(WM CIO: Wealth Management Chief Investment Officer)로 일했다. 직전에는 2016년부터 미래에셋증권 트레이딩부문에서 운용전략실장으로 일했다. 2015년부터 숭실대학교 금융경제학과에서 10년째 학생들을 가르치고 있다.

자산배분전략과 채권을 담당하는 애널리스트와 펀드매니저를 오

가며 일했다. 현장에 바로 적용될 수 있는 현실적이고 구체적인 투자전략을 짜고 싶어서, 새로운 경험에 대한 갈증이 있을 때마다 변화를 선택했다. 신입 때 영업점에서 시작한 것을 제외하면 대부분의 경력을 애널리스트와 펀드매니저로 일했다. 리서치센터에서 경제분석과 채권전략가로 일을 시작해서 채권 펀드운용 경험을 쌓고 다시 채권전략가로 돌아와서 매듭을 지었고, 다음에는 자산배분전략가로 변신해서 글로벌 트레이딩 경험을 쌓고 다시 돌아와서 KB증권 리서치센터장을 맡았다.

언론사에서 주최하는 베스트 애널리스트 평가에서 여러 차례 1위를 했다. 2004년 채권 분야에서 첫 1위를 했고, 2021년 자산배분전략 분야에서 마지막 1위를 끝으로 자산관리(WM) 부문으로 이동했으니 18년간 꾸준히 1위를 유지한 셈이다. 덕분에 많은 프리미엄을 누릴 수 있었다. 기관과 개인 투자자는 물론 정부와 기업, 학계, 언론 등 다양한 분야의 고객들을 많이 만났던 경험들이 큰 자산이 되었다. 2022년부터는 리서치와 트레이딩 경험을 고객의 자산관리 현장에 접목하기 위해 자산관리(WM) 부문으로 이동해 일했다.

애널리스트와 펀드매니저의 매력과 차이

리서치와 운용을 오래 하다 보니 비즈니스와 투자에 대한 다양한 아이디어들이 많이 생겼는데, 그 아이디어들을 하나하나 구현하고

268

확인해내는 일에 흥미가 있었다. 특히 이미 시스템적으로 효율화되어 성숙단계에 진입한 '자산운용, 기관투자자 영역'과 달리 '자산관리, 개인투자자 영역'은 고객과 PB들의 갈증을 잘 해결하고 본사의 역할을 잘 정의해 매끄럽게 연결해주기만 해도 성장 잠재력이 크다고 생각했다.

애널리스트와 펀드매니저라는 직업의 매력과 차이가 무엇인지를 묻는 사람들이 많았다. 이 질문에 직관적으로 대답하자면, 애널리스트는 몸이 힘들고 펀드매니저는 마음이 힘들다.

애널리스트는 답을 내기 위해 머리를 쥐어 짜고 가장 먼저 보고서로 써내야 하기 때문에 업무량과 체력소모가 상당하다. 정말 모를 때는 숨을 곳이 있다. 스스로 결론을 낼 때까지 휴대폰을 꺼놓고 주차장에서 고민했던 적도 있었고, 가끔은 "내가 그렇게 주장했었다"고 우기기도 할 수 있다.

반면에 펀드매니저나 트레이더는 숨고 싶어도 숨을 곳이 없다. 시장이 움직이면 내 포트폴리오의 수익률은 실시간으로 계속 변한다. 내가 샤워할 때도, 내가 잠을 잘 때도, 내가 아무것도 하지 않을 때도 내 포트폴리오의 수익률은 계속 움직인다. 수익률이 모든 것을 말해주므로 우길 수도 없다. 스트레스가 상당하다. 물론 결과를 숫자가 말해주므로, 그래서 오히려 매력적이라는 펀드매니저들도 많다.

두 직업 모두 누구의 눈치와 압력 없이 내 의견을 독립적으로 제시하고, 포트폴리오에 반영할 수 있는 것이 가장 큰 매력이다. 성별, 나이, 학력, 경력, 출신 등과 관계없이 내가 노력한 만큼 결과물로 평가받는다. 성과를 누가 가로챌 수도 없다. 당연히 높은 보상이 따르지만 체력 소모와 스트레스가 상당하기 때문에 단순히 보상만으로 오래 일하기는 어려운 직업이다. 그만큼 윤리의식과 사명감, 책임감이 필요한 직업이다.

솔루션 비즈니스는 성장산업

"애널리스트나 펀드매니저, 좀 넓혀서 금융업은 사양 산업이 아닌가요? 금융 분야에 취업하고 싶은데 고민입니다" 또는 "금융회사에 이미 취업을 했는데 이직을 해야 하나 고민입니다"라는 질문을 많이 받았다. 그럴 때마다 후배들 또는 학생들에게 "솔루션 비즈니스(Solution Business)는 성장산업이라고 확신한다"라는 말을 오랫동안 해왔다. 솔루션 비즈니스라 함은 '안정적이고 꾸준한 수익률을 내는 방법을 찾는 것'이다. 어디에 어떻게 투자해야 할지, 왜 수익 또는 손실이 나고 있는지, 그러면 지금 어떻게 해야 하는지, 그리고 그 과정을 고객과 소통하는 것을 포함한다. 고객이 불편해하는 경우는 손실, 또는 이익에도 불구하고 금융회사나 PB가 아무런 말을 해주지 않을 때다.

안정적이고 꾸준한 수익률을 얻고자 하는 투자자들의 솔루션에 대한 수요와 갈증은 상당한데, 금융회사들의 이익이 예대마진이나 수수료에 의존하다 보니 의외로 이 분야의 체계가 약하다. 많은 금융회사가 '자산관리 강화'를 내세우고 있지만 대부분 수익과 고객관리에 집중되어 있고, '어떻게 하면 안정적이고 꾸준한 수익률을 지속적으로 만들어낼 것인가'에 대한 고민과 체계는 여전히 부족하다. 솔루션 비즈니스가 성장산업이라고 보는 이유다.

물론 투자솔루션을 만들어내는 능력을 직접 갖추고 있는 최상위 PB들도 있다. 그러나 다수의 PB들은 고객관리에 집중하도록 하고, PB들이 활용할 모든 투자솔루션과 결과는 회사가 이끌어가는 방향으로 금융회사의 체계가 변화하는 중이다. '고객수익률'을 우선하는 흐름이나, IRP(개인형 퇴직연금) 수익률의 차별화에 따른 자금 이동은 이미 시작되었다. 그 과정에서 리서치와 자산운용의 역할, 본사와 PB의 역할을 재정의하고, PB와 고객의 상호 피드백을 잘 만들어내는 의사결정 체계가 만들어질 것이다.

'고객수익률'에 관해서도 생각해봐야 할 포인트들이 많다. 예를 들어 10억 원을 가진 고객이 PB의 추천으로 초기에 1억 원을 유망 자산에 투자했다고 가정해보자. 가격이 상승해서 20%의 평가수익률이 발생했고 중장기적으로 더 상승할 여력이 높다면, 당연히 나머지 자금들 중의 일부도 추가로 투자되어야 한다. 그러나 그럴 경우 PB가 평가받는 가중평균한 '고객수익률'은 낮아질 수밖에 없다. 만약 그 기준으로 PB를 평가한다면 PB는 고객과 고객수익률 사이에서 딜레마에 빠질 수밖에 없다. 고객수익률 계산방법은 교과서에 나와 있지만 회사가 어떤 '고객전략' 또는 철학을 가지고 고객수익률을 평가하고 선택할 것인지가 훨씬 더 중요한 문제다. 이런 부분에 대한 고민이 아직 부족하다고 본다. 이렇듯 금융회사의 자산관리는 훨씬 더 다양한 가치를 고객에게 전달할 수 있도록 변하고 있고, 또한 일하는 입장에서도 재미있게 시도하고 금융시장 발전에도 기여할 수 있는 포인트들이 많다고 생각한다.

"애널리스트의 숫자가 줄고 있다"는 뉴스를 자주 접한다. 솔루션 비즈니스의 기초 자원이 애널리스트라는 측면에서 안타까운 일이다. 그러나 애널리스트의 역할 역시 스스로 재정의되어야 한다.

과거 애널리스트들이 속한 리서치센터의 고객은 사내 법인영업과 기관투자자들이었다. 그러나 그것은 법인영업 수익 비중이 클 때의 이야기다. 수수료와 회전율이 낮아지면서 금융회사의 법인영업 수익 비중은 급감했다.

애널리스트는 회사의 수익 기여도가 높은 자산관리(WM)와 투자은행(IB), 트레이딩 부문을 고르게 지원하는 역할로 변신해야 한다. 리서치센터의 투자전략이나 자산배분 파트는 솔루션 비즈니스로, 기업분석 파트는 컨설팅 비즈니스로 변신해야 한다. 솔루션 비즈니스 측면에서는 글로벌 투자아이디어에 대한 가치평가(밸류에이션)와 검증을 통해 고객은 물론 랩, 신탁, 펀드, 퇴직연금, OCIO 등 회사 내 다양한 투자기구(vehicle)에 맞는 포트폴리오를 제시할 수 있어야 한다. 투자 아이디어를 제공하는데 그칠 것이 아니라, 이제는 밸류에이션과 실행까지도 조언할 수 있는 능력을 갖춰야 한다.

컨설팅 비즈니스 측면에서는 산업과 기업분석 능력을 바탕으로 상장 또는 비상장기업의 사업재편과 기업공개 등을 자문하는 재무

전략 컨설팅 기능으로 애널리스트의 기능이 강화되어야 한다. 경우에 따라서는 벤처캐피탈(VC)의 역할도 가능해야 한다. 투자은행의 3대 업무인 '인수, 트레이딩, 리서치'에 리서치가 포함되어 있는 이유다. 그러기 위해서는 지금처럼 한 섹터에 한 명씩 애널리스트를 배치하는 구조에서 탈피해야 한다. 기업분석 애널리스트의 고객이 펀드매니저에서 기업과 개인으로 바뀌고 있다.

가장 눈여겨보고 꼭 체크하는 지표와 데이터는?

지금 시장을 움직이는 Market Driver가 무엇인지,
가격에 얼마나 반영되었고 쏠려 있는지를 파악하는 것이 중요하다
투자 공부는 경제지표 보도자료와 종이 경제신문 등을 읽고, 예상해보고,
맞춰보는 연습을 반복하는 것이 좋다.

"가장 눈여겨보거나 꼭 체크하는 지표나 데이터는 어떤 것이 있나요?"

애널리스트로 일하는 동안 상당히 많이 받았던 질문 중 하나다. 그러나 경제지표나 데이터들의 중요도와 우선순위는 경제 환경과 시장 국면에 따라 계속 바뀐다. 아쉬운 답변이지만 정해진 것은 없다. 발표되는 모든 경제지표와 데이터를 다 본다고 생각하면 된다.

중요한 데이터를 정해놓고 추적해서 보기도 하지만, '지금 경제와 시장을 움직이는 동인(Market Driver)은 무엇인지, 또 현재 가격에 얼마나 반영되었고 쏠려 있는지'를 판단하고 그에 맞는 데이터를 집중적

으로 보는 것이 더 중요하다. Market Driver를 파악하기 위해서는 많이 읽고, 많이 대화하고, 많이 생각해야 한다. 상상력도 중요하다.

가장 많이 보는 데이터는 컨센서스

데이터 중에 항상 그리고 가장 관심있게 보는 것 하나를 굳이 꼽자면, '컨센서스(consensus)'다. 동일한 이슈에 대해 다른 사람들이 어떻게 생각하고 있는지를 비교해보는 것이 중요하기 때문이다.

경제지표의 경우 많은 인터넷 사이트 또는 애플리케이션 중에서 전문가들의 컨센서스(예상치)를 집계해서 보여주는 곳을 참고하면 된다. 주식이나 채권, 환율 등의 금융시장 지표들은 많이 까다로운데, 컨센서스를 파악하기 위해 가공된 다양한 지표들을 보거나 전반적인 뉴스들의 톤이나 인터뷰를 보면서 파악할 수 있다.

내가 분석을 끝내고 투자 의사 결정을 위한 결론을 내렸는데, 사람들이 모두 한결같이 그 의견에 동의한다면 다시 생각해봐야 한다. 모두가 동의한다는 것은 이미 대다수가 그 자산을 보유하고 있어서 더 이상 추가로 사줄 사람이 별로 없다는 뜻이기 때문이다. 반대로 동의하지 않는 사람들이 많고 격렬한 토론이 일어난다면, 큰 시세는 거기서 날 가능성이 있다. 나는 분석을 통해 확신을 가지고 있는데 많은 사람들이 반대하고 동의하지 않는다면, 그때가 기회일 가능성이 높다. 내 분석이 맞다면 가격은 크게 움직일 것이다. 당연히 내가 틀릴 리스크를 감안해 손절 수준을 정해두고 진입해야 한다. 물론 모두가 동의하는 경우에도, 말로만 동의하고 실제 실행을 하고 있지 않는 경우도 있고, 같은 동의인 경우에도 강도가 다른 경우도 있기 때문에 컨센서스를 두루 잘 살피는 것이 중요하다.

개인투자자의 경우 분석을 하더라도 확신을 가지기 어려울 수 있다. 만약 어떤 투자 아이디어가 매력적으로 느껴진다면, 관련 뉴스들이나 주변을 살피면서 같은 투자 아이디어를 이야기하는 사람들이 얼마나 많은지 파악해보는 것이 대안이 될 수 있다. 확신에 찬 글들이 여기저기서 많이 보인다면, 어떤 사람에게 의견을 이야기해도 모두 다 동의할 만큼 매력적인 투자 아이디어라면, 나보다 더 투자 초보인 사람도 그 의견에 동의하고 있다면, 그때는 다시 한번 신중히 생각해봐야 한다. 이미 고점 부근에 가까이 가 있을 위험이 있다. 반대로 동의하는 사람은 별로 없지만 나는 확신한다면 너무 부담되지 않는 적은 금액으로 시작해보는 것도 좋다. 시도하지 않으면 배우는 것도 없기 때문이다.

일반적으로 투자 아이디어는 펀드매니저나 트레이더, 애널리스트, PB처럼 금융시장에서 매일 거래하거나 분석하는 전문가들 중에서 나온다. 그것도 감각이 있는 소수의 전문가들에게서 소수의견으로 시작되어 나온다.

처음엔 기관투자자들 사이에서도 그 의견에 동의하는 사람들이 별로 없고, 보고서도 거의 없다. 해당 자산의 직전 6개월 또는 1년 수익률은 마이너스일 가능성이 높기 때문에 왜 사야 하는지에 대한 논리도 상상에 가까울 정도로 빈약하다.

그러나 시간이 흐르고 가격이 슬금슬금 반등해 오르기 시작하면, 예민한 또다른 전문가들의 눈에 띄고, 꽤 많은 전문가들(약 30%)이 동의한다. 이후 가격이 계속 상승해 50%가 넘는 전문가들이 동의하고 수익률도 눈에 띄게 좋아지면, 드디어 언론에 관련 기사가 보이기 시작한다. 그러면 전문가는 아니지만 발 빠르고 경험 많은 개인들이 투자하기 시작하고, 금융회사들은 펀드나 ETF, 랩 등의 상품을 개발하기 시작한다.

시간이 지나서 상품들이 출시되고, 이제 수익률도 상당히 매력적인 수준으로 올라온다. 약 70%의 전문가가 동의하고 가격도 7~8부 능선에 달하면 다수의 언론과 방송에서 앞다퉈 매수를 추천한다. 왜 투자해야 하는지, 왜 지금이라도 서둘러 사야 하는지 논리들도 매력적이어서 당장 사지 않으면 절호의 기회를 놓칠 것만 같다. 고수익을 올렸다는 성공 스토리도 여기저기서 넘쳐난다.

결국 소식을 듣고 경험이 많지 않은 다수의 개인들이 대거 투자하기 시작한다. 돈이 몰리면서 가격은 더 가파르게 오른다. 이번에는 이전과 다르다는 장기적인 추세 상승 논리도 만들어진다. 가장 최근에 진입한 다수의 개인들이 수익을 경험하고, 추가 투자를 결정한다. 가격이 정점에 도달하고 하락세로 돌아설 때도 기회라고 생각하고 다른 자산을 팔아 더 투자한다. 안타깝지만 그렇게 '비자발적인 장기 투자자'가 되고, 금융회사와 전문가들은 신뢰를 잃었던 것이 자산관리(WM) 시장의 오랜 뼈아픈 경험들이었다.

경험적으로 다수가 동의하는 '마음 편한 결정을 내린 투자' '지금 사지 않으면 기회를 놓칠 것 같아 급하게 서두른 투자'들은 많은 경우 실패했다. 반면에 '정말 많은 고민 끝에 어렵게 결정한 투자' '손실의 위험이 있지만 시차를 두고 금액을 나눠서 했던 투자'들은 반대로 성공했던 사례가 많다. 컨센서스의 중요성이 반영된 경험이 아니었나 생각한다.

투자공부의 첫 걸음, 무엇부터 시작할까?

투자를 위한 기초적인 공부를 하기 원한다면, 먼저 매월 말일 통계청에서 발표하는 '산업활동동향'과, 매월 1일 산업통상자원부에서 발표하는 '수출입 동향' 보도자료를 약 3개월 정도 정독해볼 것을 권한다. 단, 보도자료가 나오는 날에 보도자료를 먼저 정독한 후에 관련 뉴스를 읽어야 한다. 답안지를 보지 않고 문제를 풀어봐야 한다는 뜻이다. 먼저 읽고 그 달의 특징과 포인트를 스스로 5~6개 꼽아본 뒤에 뉴스를 찾아 읽고 내 해석과 맞춰보는 방법이다. 그리고 내가 해석한 특징과 포인트에 맞춰 주식과 금리, 환율이 어떻게 반응할지도 스스로 먼저 예상해본 후에 시장 반응을 뉴스와 함께 맞춰본다. 이렇게 하면 무엇을 제대로 봤는지, 무엇을 놓쳤는지를 파악할 수 있다. 경제지표를 어떻게 해석하고 어떻게 시장이 반응하며 연계되는지도 자연스럽게 알게 될 것이다. 그러면 다음 번에는 무엇

278

을 주로 봐야 하는지도 알 수 있다.

산업활동동향에는 생산, 소비, 투자, 경기동향 등 우리나라 경제에 대한 분야별 데이터들이 모두 정리되어 있다. 경제가 좋아지고 있는지, 왜, 무엇 때문에 좋아지는지, 무엇이 문제인지 파악할 수 있다. 수출입 동향은 반도체나 2차전지를 포함해 우리나라 어떤 산업이나 품목의 수출이 잘 되는지, 중요한 계약을 체결했는지, 가격은 어떤지, 어디로 수출되는지 등을 파악할 수 있다. 수출입 동향은 전월 데이터가 다음달 1일에 발표되기 때문에 속보성도 탁월하다. 우리나라의 수출은 글로벌 경기선행지수에도 포함될 만큼 전 세계 투자자들이 주목하는 중요한 지표다. 약 3개월쯤 그렇게 정독하면서 스스로 답을 찾고 맞춰보는 연습을 반복한다면 경제의 흐름과 함께 무엇이 중요한지, 시장에 어떻게 반영되는지 논리적인 흐름들이 보일 것이다.

경제지표들은 체계가 비슷하기 때문에, 익숙해지면 고용이나 물가 등 미국의 경제지표들이나 연준 FOMC(연방공개시장위원회) 등도 같은 방법으로 보도자료 등을 직접 정독하면서 공부하고 예측해보는 연습을 할 수 있다. 언제든지 답을 맞춰볼 수 있는, 답안지가 있는 훌륭한 시험문제인 셈이다.

3~6개월 정도 우리나라와 미국의 보도자료를 정독하면서 경제지표를 읽는 것이 익숙해지면, 그 다음에는 2가지 방법이 있다. 첫번째는 경제나 투자와 관련한 좋은 교과서를 읽으며 공부하는 방법이다. 이 방법이 가장 좋겠지만, 시간이 오래 걸리고 성향에 따라 지루하

게 느낄 수 있다는 단점이 있다.

책을 읽을 때 자주 다른 생각이 떠오르거나 상상력, 또는 궁금증들이 많은 성향을 가지고 있어서 교과서의 완독이 어려운 사람들도 있다. 그런 사람들은 두 번째 방법으로, 지루하지 않도록 현재 금융시장 상황을 접목하면서 공부하는 방법을 선택하는 것도 괜찮다. 전자의 방법이 정통 공부법이라면, 후자의 방법은 '변칙 실전 경제학(투자론)'이라고 부를 수 있겠다.

투자 지식이 부족하다고 느낀다면

투자 지식이 부족하다고 느낀다면 경제, 금융, 투자 관련된 내용, 즉 '돈'과 관련된 내용이면 내 업무 또는 내 투자와 당장 관련이 없더라도 최대한 범위를 넓혀 다양한 글을 많이 읽을 것을 권한다. 잘 이해가 되지 않더라도 일단 읽는 것이 좋다. 특히 종이로 된 경제신문 한 부를 처음부터 끝까지 매일 정독하는 연습은 학생들에게도 많이 권하는 방법이다.

지면은 다양한 주제를 다루고 있기 때문에 상대적으로 덜 지루하다. 종이 신문에는 1면 헤드라인 기사가 있고, 작게 다뤄지는 박스 기사도 있다. 지금 어떤 뉴스를 가장 중요하게 다루는지, 어떻게 지면을 배치하는지, 같은 경제지표를 어떻게 바라보는지 등도 중요한 투자 아이디어가 된다.

투자에 가장 큰 방해가 되는 것 중의 하나는 '편향(bias)'이다. 보고 싶은 것만 보고, 검색해서 보고, 알고리즘으로 떠서 또 보면서 객관적인 시각이 약해진다. 종이 신문은 이런 편향을 방지해준다. 경제주간지도 함께 읽으면 더 좋다. 경제주간지는 한 가지 주제에 대해 2~3페이지 분량으로 일목요연하게 정리되어 있기 때문에 상대적으로 짧은 경제신문 기사에 비해 분석적이고 깊이가 있어서 좋다. 종이 신문과 경제주간지를 약 6개월 정도만 읽어도 상당한 경제와 투자 관련 지식들이 쌓이게 될 것이다.

이제 조금 더 시야가 넓어졌다면 금융시장과 자산가격들이 어떻게 움직이는지, 왜 움직이는지 시장을 따라가며 생각하는 연습을 해야 한다. 이 단계에서는 증권사 보고서는 물론 한국은행, 각종 연구소에서 나오는 짧은 보고서들이 좋은 교과서가 된다. 경제신문과 뉴스가 세상의 관심이 어디에 쏠리고 있는지를 파악할 수 있게 해준다면, 증권사 리포트는 그 이슈에 대한 고민과 함께 어떻게 대응할 것인지를 담은 투자 아이디어를 엿볼 수 있다. 한국은행을 포함한 연구소의 보고서는 시차를 두고 발간되는 단점이 있지만, 경제나 금융시장 이슈에 대한 이론과 배경, 맥락을 이해하는 데 도움이 된다.

그렇게 반복해서 읽다 보면 자연스럽게 경제와 금융시장을 보는 시야가 열린다. 다 읽지 않아도 어떤 기관에서 어떤 사람이 쓴 글을 보면 되는지 골라 읽을 수도 있게 된다. 그 정도 수준이면 교과서와 투자 관련 서적들은 도서관에서 따로 찾아서 내가 필요한 부분들만 골라 읽어도 충분하다. 지식의 자랑이 아니라 실제 투자에 대한 시야를 넓히고 싶다면, 경제관련 보도자료를 3~6개월 정도 정독하고, 경제신문 1부와 경제 주간지를 약 6개월 정도 읽은 다음에 증권사의 대표 리포트들과 한국은행에서 나오는 보고서만 꾸준히 읽어 나간다면 충분하다.

그렇게 지식들을 차곡차곡 쌓고 나면 나중에 어느 순간 현재 이슈에 맞는 지식들을 적재적소에 꺼내어 사용할 수 있는 통찰력이 길러진다. 아는 만큼 보인다. 속지 않거나 실수만 줄여도 좋은 성과를 꾸준히 만들어낼 수 있을 것이다.

지금은 주식에 투자해야 할 때인가?

경기의 큰 흐름을 파악하고 투자할 때와
아닐 때를 구별하는 것이 중요하다.
추세적 상승장은 기업이익보다 위험선호에 의해
밸류에이션(P/E) 멀티플이 상승할 때 나타난다.

경험이 많지 않은 투자자의 경우, 지금이 주식에 투자할 때인지 아닌지를 판별하는 것도 중요하다. 장기적으로 주가는 경제와 굉장히 유사한 흐름을 보인다. 미국의 S&P 500 지수의 흐름을 보면 장기적으로 우상향한다. 크게 고민하지 않아도 장기 투자가 가능하다는 이야기다. 물론 미국경제가 침체에 빠지면 단기적으로 수익률은 급락한다. 길게는 2~3년 동안 하락하는 경우도 있기 때문에 그 구간에 걸리면 상당히 고통스럽다.

주식시장은 경제가 침체에 빠지기 직전에 고점이 형성되고, 고점 형성 이후 작게는 약 20%에서 많게는 약 50%까지, 평균적으로 약

장기적으로 경제와 밀접한 주식시장

(log scale)

S&P 500 지수

주: 음영은 경기침체기, 로그 기준(log scale)이므로 눈금 한 칸이 100%의 상승률

자료: Bloomberg

35%나 하락한다. 반대로 말하면 그 기간만 잘 피할 수 있다면, 비교적 큰 걱정없이 안전하게 주식에 투자할 수 있는 기간이 주기적으로 약 7~10년이나 된다는 얘기다.

어떤 주식에 투자하는지도 중요하지만 장기간에 걸쳐 투자하기만 해도 큰 위험을 피할 수 있기 때문에 결국 경기의 큰 흐름을 잘 파악하고 투자할 때와 아닐 때를 구별하는 것이 1차적으로 중요하다. 즉 지금이 운동장에 나가서 맘껏 뛰어 놀 때인지, 아니면 소나기가 내리기 직전이라 어두워지거나 빗방울이 조금씩 떨어져 집 근처에서만 놀 때인지를 분별해야 한다.

때를 잘 분별해서 투자한다면, 단기 고점에 사서 주가가 하락해도

6장

실패할 확률을 크게 줄일 수 있다. 소나기와 마찬가지로 경제도 경기 침체가 찾아오기 전에 경제가 나빠지는 다양한 징후들이 관찰되기 마련이다.

경기 순환주기를 파악하라

경제지표들의 흐름을 살폈을 때 지금이 경기 침체와 거리가 먼 상황이라고 판단된다면, 지금 경기가 어느 순환주기에 있는지를 파악해야 한다. 경제는 확장과 후퇴, 수축, 회복을 반복하는데, 각 구간마다 수익률 우위에 있는 자산이 다르기 때문이다.

순환주기를 파악하는 방법은 OECD를 포함해 각 국가에서 발표

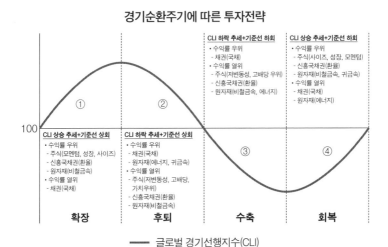

경기순환주기에 따른 투자전략

하는 '경기선행지수(CLI, Composite Leading Indicator)'를 참고하는 방법이 있다. 그러나 2009년 연준의 양적완화 이후 재정과 통화정책이 과도하게 개입되면서 경기순환주기가 예전만큼 정확하지 않는 경우가 많다.

경제 흐름이 교과서처럼 기계적으로 움직이지 않는 경우가 많기 때문에 그럴 때는 각 순환주기에서 나타나는 현상들을 참고해 판단해야 한다. 경기가 기준선 아래에서 올라오고 있는지, 위에서 꺾여 내려가고 있는지, 위험을 감수하고 더 과감하게 주식 비중을 늘릴 때인지, 서서히 줄여 나갈 때인지에 대한 감을 잡는 데 도움이 될 것이다.

상승장과 횡보장을 구별하기

장기적으로 언제 주식에 투자해야 하는지를 판단하는 또 하나의 기준은 어떤 경우에 상승장이 나타나고 어떤 경우에 횡보장이 나타나는지를 구별하는 것이다. 미국 주식시장은 약 15년을 주기로 상승장과 횡보장을 반복해왔다.

S&P 500 지수를 로그 기준으로 그린 그림(밸류에이션(P/E)이 결정하는 상승장과 횡보장, 288쪽)은, 한 칸이 10배의 상승률을 의미한다. 약 15년간의 상승장에서 약 10배 압축해서 주가가 오른 후에 약 15년을 횡보하는 흐름이 반복되었다는 뜻이다. 한국 주식시장은 약 5년의 상승장과 약 14년의 횡보장을 반복해왔다.

각 경기순환주기에 나타나는 현상

후퇴: RECESSION(decreasing growth)

투자심리
- 인플레 우려
- 금융: 이익실현
- 소비자신뢰지수 하락
- 주가하락

경제지표
- 경기선행지수 하락전환
- 설비가동률 정점
- 임금 증가
- 제조업생산 정점

통화지표
- 중앙은행 통화 긴축 중지
- 장기금리 하락 > 단기금리 하락

수축: CONTRACTION(decreasing growth)

통화지표
- 장/단기금리 모두 하락 · 중앙은행 통화완화 시작
- 단기금리 하락으로 장단기 금리 차 확대

경제지표
- 경기선행지수 하락 · 제조업생산 감소
- 기업이익 감소 · 실업률 증가
- 인플레 완화

투자심리
- 부정적인 고용관련 뉴스
- 소비자신뢰지수 하락
- 금융: 안전자산 선호
- 자금흐름: 주식 → 채권
- 주가: 침체 진입하며 하락하지만, 침체가 끝나기 전에 반등

투자심리
- 인플레 우려 표출
- 소비자신뢰지수 상승
- 금융: 위험자산 선호
- 자금흐름: 채권 → 주식
- 주가상승

경제지표
- 기업이익 증가 · 제조업생산 확대
- 경기선행지수 상승 · 설비가동률 증가
- 인플레이션 상승

통화지표
- 장/단기금리 모두 상상
- 중앙은행 통화긴축 시작
- 단기금리 상승으로 장단기 금리 차 축소

통화지표
- 중앙은행 통화완화 중지
- 장기금리 상승 > 단기금리 상승

경제지표
- 경기선행지수 상승전환
- 설비가동률 하락 정지
- 제조업생산 안전
- 재고가 먼저 감소

투자심리
- 기업이익은 우려
- 금융: 주의감소(less cautious)
- 소비자신뢰지수 상승
- 주가 상승

확장: EXPANSION(increasing growth)

회복: RECOVERY(increasing growth)

내일을 꿈꾸는 투자자들을 위한 조언

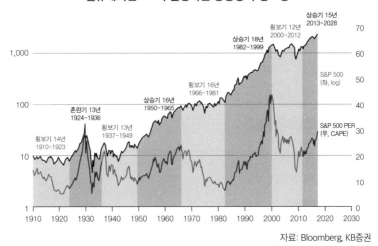

밸류에이션(P/E)이 결정하는 상승장과 횡보장

자료: Bloomberg, KB증권

　상승장과 횡보장은 주가수익비율(P/E, PER)이 결정한다. 주가(Price)는 주가수익비율(P/E: Price-to-Earnings Ratio)과 주당순이익(EPS: Earnings Per Share)의 곱으로 분해할 수 있다. 추세적인 상승장의 경우에는 P/E가 상승하고, 횡보하는 경우에는 P/E가 하락한다. 기업이익, 즉 EPS가 증가해도 P/E가 내려가면 주가는 상승하지 않는다.

　주가수익비율(P/E)은 현재 주가가 순이익 대비 몇 배의 가치를 부여받고 있는지를 나타내는 지표다. 밸류에이션 멀티플(Valuation multiple)이라고도 부른다. P/E는 주로 기업의 미래에 대한 기대를 반영하며, 멀티플이 높을수록 기업의 주가가 기업이익에 비해 비싸게 평가되고 있다는 것을 의미한다. 주가가 추세적으로 오르는 경우는 기업이익이 증가할 때보다 '기대'에 의해 밸류에이션(P/E) 멀티플이 상승하는 경우였다. 기업이익이 매력적이지 않더라도 위험자산 선호와 기대로 P/E가 상승할 때 안심하고 주식투자에 나서면 된다는 뜻이다.

밸류에이션(P/E) 멀티플은 위험선호가 증가할 때 상승한다. 미국의 경우 위험선호는 실업률이 낮아지고 인플레이션이 일정 수준 이하에서 안정될 때 상승한다. 미국 주식시장의 큰 흐름을 파악하는데 가장 중요한 지표는 '실업률'과 '인플레이션'이 되는 셈이다.

반면 경제에서 수출 비중이 차지하는 비중이 상대적으로 높은 한국 주식시장은 조금 다른 특징을 보인다. 한국 주식시장은 주로 '달러인덱스(환율)'와 '원자재 가격'이 중요하게 작용했다.

메가트렌드에 대한
장기 적립식 투자가 시작하기 가장 쉽다

메가트렌드를 고르고 매월 세제혜택 상품에
적립식으로 분산해 투자하는 방법이 가장 쉽고 승률도 높다.
AI, 빅테크 회사들이 열심히 일한 결과를 나눠 갖도록 세팅해야 한다.
주식투자를 해야 하는 이유다.

지난 10년 동안 학생들을 가르치면서 느꼈던 것은, 주변에 의외로 '투자'에 대해 관심이 없거나 관심이 있더라도 어떻게 어디서부터 시작해야 하는지 막연해 하는 사람들이 많다는 점이다. 진부하게 느껴질 수도 있겠지만, 경제와 금융 공부에 입문하면서 처음에 가장 쉽게 시작할 수 있는 투자는 '메가트렌드에 대한 장기 적립식 투자'다. 10년 이상 지속될 메가트렌드를 고르고, 월급의 일정 부분을 세액공제 혜택 금액에 맞춰 매월 적립식으로 계좌에서 자동으로 빠져나가도록 하는 방법이다.

연금저축, IRP(개인형 퇴직연금), ISA(개인종합자산관리계좌) 등 세제혜택 상품을 활용하면 훨씬 유리하다. 직장인이나 학생들은 본업과 학업에 집중하다 보면 매매 타이밍을 제대로 잡기 어렵다. 타이밍을 놓치지 않기 위해 조급하게 서두르다 보면 심리적으로 냉정한 판단을 내리기도 힘들다. 타이밍을 좀 놓치더라도, 내가 사고 가격이 좀 하락하더라도, 내가 잊어버리고 지내더라도 약 10년 이상을 매월 꾸준히 조금씩 매수해 나간다고 생각해서 투자하면 마음도 편안하다.

"그렇게 해서 언제 수익을 내냐"고 묻는 사람들도 있지만, 금융지식이 부족한 투자자가 단기간에 큰 수익을 낼 수 있는 기가 막힌 방법은 없다. 만약 가능했다면 탁월한 투자 감각을 지녔거나, 아주 운이 좋은 경우인데, 후자의 경우 장기간 유지되기는 어렵다. 사람의 심리상 10만 원이라도 투자가 되어 있으면 관심이 가고, 관련 뉴스들이 눈에 들어오기 마련이다. 작게라도 투자를 시작해야 자연스럽게 공부도 시작된다.

성장하는 국가나 산업의 대표 주가지수에 투자

성장하는 국가 또는 산업의 대표 주가지수는 장기적으로 우상향한다. 개별 기업의 경우 내가 매수한 기업의 상황이 나빠지면 내 수익률도 자연스럽게 나빠진다. 그러나 예를 들면, S&P 500 지수의 경우 미국에서 가장 우량한 500개 기업을 모아서 투자하는 셈인데, 몇 개의 기업이 부진해 500위 밖으로 밀려나더라도 새롭게 진입한 회사들이 그 자리를 채우면서 미국에서 가장 우량한 상위 500개 기업을 항상 보유하고 갈 수 있는 구조다.

한때 적립식 투자의 열풍이 강하게 불었지만, 안타깝게도 지금은 강조하는 사람들이 별로 없다. 적립식 투자의 인기가 시들해진 이유는 아무리 오랫동안 적립하더라도 최종적으로 투자 자금을 현금화할 당시의 주가가 낮으면 손실이 발생하기 때문이다.

따라서 10년 이상 장기적으로 성장할 메가트렌드를 골라서 투자하는 것이 중요한데, 상식적인 수준의 메가트렌드들을 꼽아보고 거기에 맞는 펀드나 ETF의 적립식 분산 투자를 시작하기를 권한다. 만약 2~3년 뒤에 판단했을 때 처음 생각이 틀렸다고 생각하면 바꿔도 되고, 나중에 새로운 새로운 국가나 산업이 생각났다면 그때부터 적립식으로 추가해서 투자하면 된다. 소액으로 시작하는 것이기 때문에 부담도 없다. 시간이 지남에 따라 연봉이 오른다면 여유가 생긴 만큼 투자금액을 늘리거나 분산하면 된다.

S&P 500 지수나 나스닥 100 지수를 기본으로 깔고, 포트폴리오를 구성하기 위한 메가트렌드를, 예를 들면 다음과 같다.

1) 인공지능(AI), 반도체 등과 같은 혁신 성장주를 중심으로 구성된 '테크산업'
2) 인구구조 변화와 고령화에 따라 기술 발전과 성장이 예상되는 '바이오·헬스케어 산업'
3) 기후 변화와 친환경, 2차전지, 원전과 전력설비를 포함한 기업

들로 구성된 '에너지 전환 산업'

4) 미중 패권전쟁과 공급망 재구축 과정에서 대안으로 떠오르는
인도, 베트남 등 '중국의 대체국가(Altasia) 또는 산업'

꼭 주식투자를 해야 하는 이유

이처럼 메가트렌드는 기술산업, 바이오와 헬스케어, 에너지 전환
등 크게 특별한 것 없이 누구나 쉽게 예상할 수 있는 장기 테마들이
다. 인공지능, 빅데이터, 반도체, 자율주행, 2차전지, 바이오 등 향후
유망한 산업이라는 것은 알지만 이러한 기술들을 내가 지금부터 공
부하고 데이터와 코딩을 배워서 직장을 옮기기는 어렵다. 이들을 이
길 수 없다면 주식 보유를 통해 주주로 참여해야 한다. 내 본업에서
나오는 월급을 통해 그들이 열심히 일한 결과를 나눠 갖도록 세팅해
야 한다. 주식투자를 해야 하는 이유다.

예를 들어 위 산업들에 매월 총 50만 원을 투자한다고 가정하면,
시가총액이 가장 크고 성장성이 뚜렷해 보이는 테크산업에 20만 원
을, 나머지 3개에 각각 10만 원씩을 매월 각각 다른 날짜에 매수하
도록 구성하면 된다. 위의 산업들 중에서 10년 뒤에 어떤 기업이 1
등 기업이 될 지는 예측하기 어렵지만 산업 자체가 성장할 것이라는
사실은 분명하다. 그래서 처음에는 펀드나 ETF 등을 통해 산업 전체
를 매수하고, 이후 어느 정도 공부가 되고 시간이 흘러 승자 후보군

의 윤곽이 드러나면 개별 주식을 포트폴리오에 추가해 가져가는 방법이 좋다.

"엔비디아가 좋을까요, 테슬라가 좋을까요?" "바이오·헬스케어 산업 펀드나 ETF 중에서 A가 좋을까요, B가 좋을까요?"라고 묻는 사람들이 종종 있다. 그럴 때는 "반반 나눠서 둘 다 같은 날 사세요"라고 답한다. 싱거운 대답이지만, 지금 더 강한 힘이 있는 것 또는 저평가된 것을 선택하더라도 그 사람이 언제 매도할지 모르고, 또한 그렇게 투자하는 것은 공부가 되지 않아 지속 가능하지 않다.

적립식의 경우에도 마찬가지인데, 선택의 고민이 될 때는 두 종목 또는 두 상품을 같은 날 같은 금액으로 쪼개서 사고 적립해 나간다면 자연스럽게 수익률 차이가 벌어지는 것을 계좌를 통해 확인하게 된다. 그러면 어떤 상황에서 어떤 주가가 더 오르고, 누가 더 방어력이 있는지 자연스럽게 공부가 된다. 시간이 흘러 둘 중 한 주식 또는 상품에 확신이 생기면 그때 한쪽으로 합치면 된다. 둘의 장단점이 뚜렷하다면 둘로 나눠서 가도 무방하다. 처음에는 포트폴리오로 분산된 전체 지수 또는 산업을 사고, 승자가 나타나면 조금씩 그 하위 산업 또는 주식을 추가해 나가는 방법은 동일하다.

1년에 한 번씩 연말정산과 세제혜택 한도를 더 채우기 위해 추가로 투자금액을 늘릴 때는 '장기적으로 성장하는 메가트렌드는 분명한데, 지금 사람들의 관심에서 가장 벗어나 있는 것은 무엇인지'를 생각해본다. 어차피 단기간에 이익을 실현할 목적이 아니기 때문에 현재 가장 저평가되어 있는 산업 또는 주식이 장기 투자를 하는 데는 가장 적합할 수 있다.

가끔은 나빠지는 것은 다 나빠지는 이유가 있기도 하기 때문에, 처음 생각했던 메가트렌드의 논리가 훼손되지는 않았는지를 잘 살펴야 한다. 이벤트로 인해 전 세계 주식시장이 단기적으로 급락한 경우에도 같은 방법을 사용해 추가 매수의 기회로 삼으면 된다. 오래 투자할 목적으로 매수하는 것이기 때문에, 주가가 오르면 오르는 대로 자산이 늘어서 좋고, 하락하면 하락하는 대로 추가로 싸게 더 살 수 있는 기회가 생겨서 좋다. 조바심을 내지 않아도 된다. '메가트렌드에 대한 장기 적립식 투자'의 편안함이다.

분기에 한 번 정도는 내 자산이 어떤 형태로 어디에 투자되었는지, 현재 평가금액이 얼마인지 등의 투자 내역을 엑셀로 꾸준히 정리하면 더 좋다. 당장 현금화할 수 있는 상품과, 연금처럼 현금화할 수 없는 상품들을 나눠서 정리하면 내 자산 현황과 흐름을 한 눈에 파악할 수 있다. 투자 후에 방치되거나, 처음 생각과 달리 산업이 나빠지고 있는데 놓치거나, 중간에 이사나 여행 등 목돈이 필요할 때 융통할 수 있는 규모도 항상 점검하고 계획할 수 있다. 적립 금액을 늘리거나 줄일지 아니면 바꿔 탈지, 포트폴리오가 쏠려 있지 않은지 등을 분기마다 점검해 나가는 것이다. 꾸준히 자산이 늘어가는 것을 점검하고 재조정해 나가는 일은 즐거운 일이다. 그 자체로 공부가 된다.

투자내역을 정기적으로 정리하면 어떤 투자가 내 성향에 맞는지도 파악할 수 있다. 투자의 대가나 성공사례들을 벤치마킹하는 것은 좋지만, 결국 내가 어떤 투자 스타일인지를 스스로 파악해야 한다. 예를 들면 저평가 자산을 매수해서 오래 보유하는 투자를 잘 하는 편인지, 강한 모멘텀이 있는 자산을 사서 단기에 수익을 내는 매매를 잘 하는 편인지, 손실을 어느 정도 감내하는지, 강세장에 더 과감한 성격인지, 약세장에 더 침착한 성격인지 등을 파악하고 자기 스타일에 맞게 투자하는 것도 중요하다.

금융회사를 꿈꾸는
젊은 투자자들을 위한 조언

AI의 기술력과 사람의 직관력을 결합한 투자가 아직은 가장 강력하다.
금융의 본질은 자금이 필요한 곳과 여유 있는 곳을 연결해주는 일이다.
자신의 직업에 철학과 의미를 담아 일할 때 보람이 있고 즐겁다.
유혹을 이기는 바탕이 되기도 한다.

학생들이 많이 질문하는 것 중 하나는 "금융시장 또는 금융투자업에서 일하기 위해서는 어떤 성향이 적합한가요? 무엇을 준비해야 하나요?"이다. 결론부터 말하면 꼭 특정한 성향이 필요한 것은 아니다. 오히려 회사 내에도 다양한 업무 분야가 있기 때문에 일하면서 내 성향과 가장 잘 맞고, 내 성향 자체가 능력으로 발휘할 수 있는 분야를 찾아 이동할 수 있도록 시도하는 것이 더 바람직하다.

굳이 조금 유리한 성향을 꼽자면, 창의적이면서 꼼꼼하면 좋다. 그러나 둘은 상반된 특성이라 흔하지는 않은 것 같다. 연차가 낮을 때는 꼼꼼한 것이 도움이 되지만, 시간이 쌓일수록 창의적인 성향이 도움이 된다. 꼼꼼해서 칭찬받던 주니어 에이스가 승진 이후 고전하거나, 덜렁거려서 실수하던 주니어가 승진 이후 두각을 나타내는 경우도 많이 봤다. 전자의 경우는 아마도 처음에는 꼼꼼하고 창의적인 성향을 가졌으나 주니어 때는 주로 지시 받은 일을 정확히 처리하는 것에 익숙해지다 보니 자신도 모르게 창의력이 줄어든 경우이고, 후자는 그 창의력이 나중에 두각을 나타내게 된 경우다.

3가지 연결고리를 잘 수행해낼 수 있는 능력

각 분야와 연차에 따라 맞는 성향이 있는데, 시간이 흐르고 승진을 하면 다른 역할과 성향이 요구되는 경우가 많다. 지금 잘 맞지 않는다고, 지금 어렵다고 낙심하기에는 회사 내에, 업계 내에, 회사들 중에 내 성향에 맞는 자리는 반드시 있다. 주니어일 때는 두루 관심을 가지고 폭넓게 일을 경험하고 사람을 많이 만나보는 것이 좋다.

앞에서도 말했듯이 금융투자업의 본질은 결국 3가지 과정의 연결이라고 생각한다. 첫째는 투자 아이디어를 발굴하는 것, 둘째는 그 아이디어가 싼지 비싼지 적정가치를 판단하는 것(밸류에이션), 그리고 셋째는 판단이 되었다면 언제 어떤 비용으로 행동할지 결정해서 실행하는 것이다. 금융투자업의 어떤 분야든지 만족할 만한 결과를 얻기 위해서는 이 3가지 연결고리를 잘 수행해낼 수 있는 능력을 갖추도록 공부하고 연습해야 한다.

트레이딩(자산운용)과 리서치, IB(투자은행), 자산관리(WM) 부문은 물론 경영관리 등 후선 업무도 마찬가지다. 3가지 과정의 연결을 위해서는 폭넓게 많이 읽고, 데이터를 직접 만져보고, 생각하는 훈련을 반복하는 것이 중요하다. 그 과정에서 재미를 느낀다면 금융투자업이 적성에 잘 맞는 것이다.

AI의 기술력과 사람의 직관력을 결합한 투자

인공지능(AI)이 내 일자리를 빼앗지 않을까 고민하는 학생들도 많다. AI는 인간을 '대체'하기보다 '보조'하는 역할을 맡길 때 압도적이라는 점을 기억해야 한다. 아직은 인공지능에게 투자의 최종적인 '답'을 내놓는 것까지 맡길 수 있는 단계는 아니다. 투자를 위한 기초 작업의 70~80%를 AI가 빠르게 처리해주고, 나머지 20~30%에 해당하는 최종 의사 결정은 여전히 사람의 역할로 남아 있다.

물론 궁극적으로는 최종 의사 결정도 AI가 하는 단계까지 발전하겠지만 시간이 꽤 걸릴 것으로 본다. 현 시점에서는 AI의 기술력과 사람의 직관력을 결합한 투자가 가장 강력하다고 판단하고 있다.

2022~2023년에 있었던 일이다. 당시 AI를 활용해 최적 ETF 포트폴리오를 구성하고 매매하는 투자 알고리즘을 개발했다. 실제로 다양한 AI 알고리즘을 테스트한 결과, 동일한 알고리즘을 활용했다고 하더라도 전 세계 모든 ETF를 대상으로 그중에서 ETF를 골라 포

트폴리오를 구성한 경우와, 가장 효율적이라고 판단되는 투자 대상을 먼저 사람이 좁혀 풀(pool)을 만든 뒤에 그중에서 ETF를 골라 포트폴리오를 구성한 경우 사이에는 상당한 투자 수익률 차이가 있었다. 모든 것을 AI에게 맡기기보다 그때그때 달라지는 경기사이클, 정치이벤트, 핵심 이슈들을 반영해 마치 알파고가 바둑에서 '수를 둘 수 있는 바둑판'처럼 한정된 공간을 마련해준 뒤 AI가 결정하도록 했을 때 훨씬 수익률이 좋은 ETF 포트폴리오를 만들어냈다. 영역이 한정된 '바둑판'과 달리 영역을 정할 수 없는 투자의 세계에서는 AI의 기술력과 사람의 직관력이 결합했을 때 더 좋은 결과물을 만들어낼 수 있었다. AI의 활용 비용이 낮아지면서 비용 문제 때문에 과거에는 엄두를 내지 못했던 일들이 가능해지고 있다. 감소하는 일자리도 있겠지만 또 다른 형태의 새로운 일자리가 창출될 것이다.

학교에서 경제학을 공부했던 당시, 지나치게 가정이 많은 이론들이나 수식이 많은 계량경제학과 같은 과목들을 배우면서, '경제학은 학교 강의실에서나 적용되는 죽은 학문 아닌가'라는 생각이 든 때가 있었다. 그러나 돌이켜보면, 어떤 경제정책이 발표되고 어떤 경제현상들이 벌어졌을 때 '경제와 금융시장에 단기적으로 그리고 중장기적으로 어떤 영향을 주게 될까?'를 생각하다 보면, 과거에 머릿속에 억지로 욱여넣었던 수많은 이론적인 논리 구조와 지식들이 살아서 내 생각과 상상에 도움이 되었던 경험들이 수없이 많았다. 공부하다 보면 '이걸 왜 배우지?' '나중에 이걸 어디다 써먹지?' '쓸데없이 시간 낭비하는 것은 아닐까?' 등의 고민이 들 때가 있다. 비록 억지로 욱여넣더라도 지금 치열하게 공부한 것은 나중에 업무를 위해, 내 투자를 위해 하나도 버려지는 것이 없다. 언젠가 결정적인 순간에 '똑똑해진 나'를 볼 수 있다는 기대를 가지고 쌓아 나갔으면 한다.

'금융'의 본질은 자금이 필요한 곳과 여유 있는 곳을 연결해주는 것이라고 생각한다. 아이디어와 기술력이 있는데 자금이 부족해서 구현되지 못하는 사업에 여유 자금을 연결해주는 일이다. '투자한다'는 행위 역시 단순히 수익률을 높이고 자산을 불리는 차원을 넘어선다. 필요한 곳에 자금이 흘러 가도록 함으로써 좋은 아이디어를 가진 사람과 기업에게는 성장의 기회를 주고, 투자하는 사람들에게는 수혜를 나눠주는 중요한 일이다.

금융회사에서 일한다는 것은 좁게는 회사지만, 넓게는 자금이 필요한 곳에 여유 자금이 흘러 들어가도록 연결해주는 일이며, 국민들의 노후를 조금 더 평안하고 여유롭게 만들 수 있도록 조언하고 이끌어 갈 수 있는 위치에 있다는 의미도 가진다. 고객은 물론 당국의 정책결정권자들 또는 기업의 경영진들이 한 번 더 고민해 올바른 판단을 내릴 수 있도록 의견을 나눌 수 있는 애널리스트나 투자자문 인력, 국민들의 자금을 모은 공적기금을 운용하는 펀드매니저들의 경우에는 그 의미와 책임감, 사명감이 더 남다르다.

이처럼 자신의 직업에 철학과 의미들을 담아 일할 때 보람 있고 즐겁다. 유혹에 흔들리거나 혼란스러울 때 올바른 판단을 내릴 수 있도록 하는 바탕이 되기도 한다. 금융업에서 그런 전문가들이 많이 배출되고 성장할 수 있기를 소망해본다.

참고문헌

김민기(2022), "다이렉트 인덱싱과 패시브 투자의 개인화", 자본시장포커스 2022-17호, 자본시장연구원

김일혁(2024), "Global Insights: 여전히 유망한 엔비디아와 예상 외의 한 방이 나올 수 있는 애플", KB증권

박수현(2020), "홍콩의 미래, 중국 정부의 중장기 전략과 리스크 분석", KB증권

신동준(2020), "The KB's Core View: The Great Shift", KB증권

신동준(2021), "The KB's Core View: Way Back to Normality", KB증권

안소은(2024), "US Market Pulse: 증시 상승을 뒷받침하는 것들", KB증권

이은택, 김민규, 하인환(2020), "Post-Corona Trilogy: 위대한 기술의 시대는 어떻게 탄생하는가?", KB증권

이은택, 김민규, 하인환(2023), "Study! EPS가 반등을 시작하면 시장에서 나타나는 현상들", KB증권

임현준(2023), '경제구조 변화를 고려한 중장기 중립금리의 추정', 국회예산정책처

황원경, 김진성, 강윤정(2023), "2023 한국 부자 보고서", KB금융지주 경영연구소, 2023.12

LG전자 디자인경영센터(2021), "AI와 함께 할 우리 내일의 삶", 매경 CES 비즈니스 포럼

로버트 고든(Robert J. Gordon)(2016), "Perspectives on The Rise and Fall of American Growth", American economic review, vol 106, NO. 5, MAY 2016 pp. 72-76

로버트 고든(Robert J. Gordon)(2017), '미국의 성장은 끝났는가(The rise and fall of American growth)', 생각의힘

찰스 굿하트(Charles Goodhart), 마노즈 프라단(Manoj Pradhan)(2021), "인구대역전(The Great Demographic Reversal)", 생각의힘

피터 틸(Peter Thiel), 블레이크 매스터스(Blake Masters)(2014), "제로 투 원(Zero To One)", 한국경제신문사

Brian Bonis, Jane Ihrig, Min Wei(2017), "The Effect of the Federal Reserve's Securities Holdings on Longer-term Interest Rates", Federal Reserve Bank of New York, April 20, 2017

Cerulli Associates, "The Case for Direct Indexing: Differentiation in a Competitive Marketplace", December 2022

Fiscal sustainability report, Office for Budget Responsibility, July 2018

Gianluca Benigno, Boris Hofmann, Galo Nuño Barrau and Damiano Sandri(2024), "Quo vadis, r*? The natural rate of interest after the pandemic", BIS Quarterly Review, 04 March 2024

Hyun Song Shin, "Artificial intelligence and the economy: implications for central banks", BIS Annual Economic Report, 25 June 2024

Katie Baker, Logan Casey, Marco Del Negro, Aidan Gleich, and Ramya Nallamotu(2023), "The Post-Pandemic r*", Federal Reserve Bank of New York, August 9, 2023

Michael Chui, Eric Hazan 외(2023), "The economic potential of generative AI: The next product frontier", Mckinsey & Company

Morgan Stanley & Oliver Wyman, "Wealth & Asset Management: Competing for Growth", 2021

Tobias Härlin, Gardar Björnsson Rova 외(2023), "Exploring opportunities in the generative AI value chain", Mckinsey & Company

Ozge Akinci, Gianluca Benigno, Marco Del Negro 외(2022), "The Financial (In)Stability Real Interest Rate, R**", Federal Reserve Bank of New York, September 26, 2022

PwC, "Asset and wealth management revolution 2023: The new context", July 07, 2023

미래를 알면 돈의 향방이 보인다

곽수종 박사의 경제대예측 2025-2029   곽수종 지음 | 값 19,800원

소중한 재산을 지키고 싶거나 경제활동을 하거나 기업을 경영하고 있다면 5년 정도의 중장기적인 경제 예측 정도는 가지고 있어야 한다. 이 책은 주요 국가들의 경제 환경 분석을 통해 세계경제의 중장기 미래를 예측하고, 나아가 위기에 처한 한국경제의 지속가능한 성장 전략을 제시한다. 모든 수준의 독자들이 쉽게 이해할 수 있게 쓰여진 이 경제전망서를 통해 향후 5년간의 세계경제를 예측하고 대응하는 통찰력을 기를 수 있을 것이다.

인공지능이 경제를 이끄는 시대의 투자법

AI 시대의 부의 지도   오순영 지음 | 값 19,800원

생성형 AI 같은 기술의 놀라운 성장에 따라 분석, 예측 및 개인화 기술이 놀랍도록 성장했다. 금융 IT 분야의 전문가인 저자는 생성형 AI 기술을 자산관리에 사용하는 데 도움이 될 내용을 담았다. 이 책은 AI 시대를 채우고 있는 기술, 기업, 비즈니스를 어떻게 받아들여야 하는지, AI 시대에 무엇을 보고 어떻게 해석해야 할지를 알려주고 있다. 지금은 AI 시대를 해석하는 능력이 곧 부의 추월차선을 결정하는 시대이기 때문이다.

경제의 신은 죽었다

다가올 5년, 미래경제를 말한다   유신익 지음 | 값 21,000원

이 책은 미국의 정책이 글로벌 금융시장을 지배하는 방식 및 기존의 경제이론으로는 해석되지 않는 글로벌 경제-금융의 순환고리에 대해 MMT(현대화폐이론)을 기반으로 명쾌하게 분석하고 있다. 미국 경제와 금융시장의 흐름, 그리고 앞으로 펼쳐질 미국의 금융통화정책과 통상정책을 이해하는 데 현 시점에서 최고의 지침서로, 특히 글로벌 경제에 대한 현실적인 분석뿐 아니라 향후의 대책과 대응의 방편까지 제시한 점이 돋보인다.

거스를 수 없는 주식투자의 빅트렌드, 로봇

최고의 성장주 로봇 산업에 투자하라   양승윤 지음 | 값 18,000원

로봇 산업이 현대 사회의 핵심 산업으로 떠올랐다. 인공지능과 로봇공학의 발전으로 이 산업은 전례 없는 성장세를 보이며 새로운 혁신을 이끌어내고 있는 만큼 향후 수년간 투자 여건이 형성될 것으로 보인다. 로봇 산업의 태동과 성장으로 투자기회는 보이지만, 아직은 이 분야가 생소한 이들에게 이 책은 로봇 산업 전반에 대한 흐름을 짚어줌으로써 투자에 대한 큰 그림을 그릴 수 있게 돕는다.

미래를 읽고 부의 기회를 잡아라
곽수종 박사의 경제대예측 2024-2028
곽수종 지음 | 값 19,000원

국내 최고 경제학자 곽수종 박사가 세계경제, 특히 미국과 중국 경제의 위기와 기회를 살펴봄으로써 한국경제의 미래를 예측하는 책을 냈다. 미국과 중국경제에 대한 중단기 전망을 토대로 한국경제의 2024~2028년 전망을 시나리오 분석을 통해 설명하고 있는 이 책을 정독해보자. 세계경제가 당면한 현실과 큰 흐름을 살펴봄으로써 경제를 보는 시각이 열리고, 한국경제가 살아남을 해법을 찾을 수 있을 것이다.

다가올 현실, 대비해야 할 미래
지옥 같은 경제위기에서 살아남기
김화백·캔들피그 지음 | 값 19,800원

이 책은 다가올 현실에 대비해 격변기를 버텨낼 채비를 해야 된다고 말하며 우리에게 불편한 진실을 알려준다. 22만 명의 탄탄한 구독자를 보유한 경제 전문 유튜브 '캔들스토리TV'가 우리 모두에게 필요한 진짜 경제 이야기를 전한다. 지금 우리는 경제위기를 맞닥뜨려 지켜야 할 것을 정하고 포기해야 할 것을 구분해서 피해를 최소화해야 될 때다. 이 책은 현재 직면한 위기를 바라보는 기준점이자 미래를 대비하기 위한 하나의 발판이 되어줄 것이다.

돈의 흐름을 아는 사람이 승자다
다가올 미래, 부의 흐름
곽수종 지음 | 값 18,000원

국가, 기업, 개인은 늘 불확실성의 문제에 직면한다. 지금 우리가 직면한 코로나19 팬데믹과 러시아-우크라이나 전쟁 등은 분명한 '변화'의 방향을 보여주고 있다. 국제경제에 저명한 곽수종 박사는 이 책에서 현재 경제 상황을 날카롭게 진단한다. 이 책에서는 인플레이션 압력과 경기침체 사이의 끝을 가늠하기 어려운 경제위기 상황 속에서 이번 위기를 넘길 수 있는 현실적인 방안을 모색한다.

기술이 경제를 이끄는 시대의 투자법
테크노믹스 시대의 부의 지도
박상현·고태봉 지음 | 값 17,000원

테크노믹스란 기술이 경제를 이끄는 새로운 경제 패러다임이다. 이 책은 사람들의 일상과 경제의 흐름을 완전히 바꿔놓은 코로나 팬데믹 현상을 계기로, 테크노믹스 시대를 전망하고 이를 투자적 관점으로 바라보는 내용을 담고 있다. 현 시대의 흐름을 하나의 경제적 변곡점으로 바라보며 최종적으로 미래의 부가 움직일 길목에 대해 진지하게 고민한 흔적이 담긴 이 책을 통해 투자에 대한 통찰력을 얻을 수 있을 것이다.

'염블리' 염승환과 함께라면 주식이 쉽고 재미있다

주린이가 가장 알고 싶은 최다질문 TOP 77

염승환 지음 | 값 18,000원

유튜브 방송 〈삼프로 TV〉에 출연해 주식시황과 투자정보를 친절하고 성실하게 전달하며 많은 주린이들에게 사랑을 받은 저자의 첫 단독 저서다. 20여 년간 주식시장에 있으면서 경험한 것을 바탕으로 주식투자자가 꼭 알아야 할 지식들만 알차게 담았다. 독자들에게 실질적으로 도움이 되고자 성실하고 정직하게 쓴 이 책을 통해 모든 주린이들은 수익률의 역사를 새로 쓰게 될 것이다.

'염블리' 염승환과 함께라면 주식이 쉽고 재미있다

주린이가 가장 알고 싶은 최다질문 TOP 77 ②

염승환 지음 | 값 19,000원

『주린이가 가장 알고 싶은 최다질문 TOP77』의 후속편이다. 주식 초보자가 꼭 알아야 할 내용이지만 1편에 다 담지 못했던 내용, 개인 투자자들의 질문이 가장 많았던 주제들을 위주로 담았다. 저자는 이 책에 주식 초보자가 꼭 알아야 할 이론과 사례들을 담았지만 주식투자는 결코 이론만으로 되는 것이 아니므로 투자자 개개인이 직접 해보면서 경험을 쌓는 것이 중요함을 특별히 강조하고 있다.

김학주 교수가 들려주는 필승 투자 전략

주식투자는 설렘이다

김학주 지음 | 값 18,000원

여의도에서 손꼽히는 최고의 애널리스트로서 펀드매니저부터 최고투자책임자에 이르기까지 각 분야에서 최고를 달린 김학주 교수가 개인투자자들을 위한 투자전략서를 냈다. '위험한' 투자자산인 주식으로 가슴 설레는 투자를 하고 수익을 얻기 위해서는 스스로 공부하는 수밖에 없다. 최고의 애널리스트는 주식시장의 흐름을 과연 어떻게 읽는지, 그리고 어떤 철학과 방법으로 실전투자에 임하는지 이 책을 통해 배운다면 당신도 이미 투자에 성공한 것이나 다름이 없을 것이다.

사주명리학으로 보는 나만의 맞춤 주식투자 전략

나의 운을 알면 오르는 주식이 보인다

양대천 지음 | 값 21,500원

주식시장에서 살아남기 위해서 우리는 무엇을 해야 할까? 이 책은 그 해답을 사주명리학에 입각한 과학적 접근을 통해 풀어내고 있다. 예측 불허의 변수들로 점철된 주식시장에서 사주명리학의 도움을 받아 자신의 운을 먼저 살펴보고 그 후에 어느 시기에 어떤 주식을 사고팔지를 결정하는 방법을 소개하고 있다. 한마디로 자신의 운의 큰 흐름을 알고 그 운을 주식에서 백분 활용하는 방법을 알게 될 것이다.

한국의 경제리더 곽수종 박사의 경제강의노트

혼돈의 시대, 경제의 미래

곽수종 지음 | 값 16,000원

코로나19 팬데믹으로 인해 어떤 개인과 기업들은 부자가 될 기회를 맞이한 반면, 누군가는 위기를 맞았다. 마찬가지로 국가도 무한경쟁 시대를 맞이하게 되었다. 이 책은 시대의 역동성을 이해하는 법과 대한민국이 앞으로 나아갈 길을 경제·인문학적으로 분석한 책이다. 글로벌 질서 전환의 시대에 대한민국의 현재 좌표는 물론 기업과 개개인이 나아가야 할 방향을 이해하며 경쟁력을 갖추는 데 이 책이 도움이 될 것이다.

경제를 알면 투자 시계가 보인다

부의 흐름은 반복된다

최진호 지음 | 값 17,500원

이 책은 증권사와 은행의 이코노미스트로 일해온 저자가 금융시장의 숫자들이 알려주는 의미에 대해 끊임없이 고민한 경험을 바탕으로 최대한 쉽게 경기흐름 읽는 법을 알려주는 책이다. 시장경제체제를 살아가는 현대인들은 필수적으로 경기흐름을 읽을 줄 알아야 한다. 이 책을 통해 핵심적인 이론으로부터 투자 접근 방식까지, 나만의 '투자 시계'를 발견할 수 있는 기회가 될 것이다.

쉽게 읽히는 내 생애 첫 경제교과서

경제지식이 돈이다

토리텔러 지음 | 값 18,500원

경제지식이 곧 돈인 시대, 투자로 돈을 벌려면 경제공부는 필수인 시대가 됐다. 저자인 토리텔러는 초보 투자자들을 포함한 경제 초보자들이 평소 가장 궁금해할 만한 경제 개념과 용어를 그들의 눈높이에 맞춰 쉽게 설명한다. 주식투자, 부동산, 세금, 미래를 이끌어 갈 기술과 산업, 다양한 투자상품과 재테크를 위한 기초 테크닉 등 경제상식의 A부터 Z까지를 알차게 담았다. 알짜배기만을 담은 이 책 한 권이면 경제 문외한이라도 경제 흐름을 파악하고, 투자를 통한 달콤한 수익도 맛볼 수 있을 것이다.

성공 주식투자를 위한 네이버 증권 100% 활용법

네이버 증권으로 주식투자하는 법

백영 지음 | 값 25,000원

이 책은 성공적인 주식투자를 위한 네이버 증권 100% 활용법을 알려준다. 주식투자, 어렵게 생각할 것이 없다! 네이버를 통해 뉴스를 접한 후 네이버 증권으로 종목을 찾아 투자하고, 네이버 증권에서 제공하는 차트로 타이밍에 맞춰 매매하면, 그것만으로도 충분하다. 이 책을 통해 현재의 주식시장을 이해하고, 스스로 돈 되는 종목을 찾아 싸게 사서 비싸게 하는 방법을 배운다면 성공 투자로 나아갈 수 있을 것이다.

■ **독자 여러분의 소중한 원고를 기다립니다** ────────────

메이트북스는 독자 여러분의 소중한 원고를 기다리고 있습니다. 집필을 끝냈거나 집필중인 원고가 있으신 분은 khg0109@hanmail.net으로 원고의 간단한 기획의도와 개요, 연락처 등과 함께 보내주시면 최대한 빨리 검토한 후에 연락드리겠습니다. 머뭇거리지 마시고 언제라도 메이트북스의 문을 두드리시면 반갑게 맞이하겠습니다.

■ **메이트북스 SNS는 보물창고입니다** ────────────

메이트북스 홈페이지 matebooks.co.kr

홈페이지에 회원가입을 하시면 신속한 도서정보 및 출간도서에는 없는 미공개 원고를 보실 수 있습니다.

메이트북스 유튜브 bit.ly/2qXrcUb

활발하게 업로드되는 저자의 인터뷰, 책 소개 동영상을 통해 책에서는 접할 수 없었던 입체적인 정보들을 경험하실 수 있습니다.

메이트북스 블로그 blog.naver.com/1n1media

1분 전문가 칼럼, 화제의 책, 화제의 동영상 등 독자 여러분을 위해 다양한 콘텐츠를 매일 올리고 있습니다.

메이트북스 네이버 포스트 post.naver.com/1n1media

도서 내용을 재구성해 만든 블로그형, 카드뉴스형 포스트를 통해 유익하고 통찰력 있는 정보들을 경험하실 수 있습니다.

STEP 1. 네이버 검색창 옆의 카메라 모양 아이콘을 누르세요.   STEP 2. 스마트렌즈를 통해 각 QR코드를 스캔하시면 됩니다.
STEP 3. 팝업창을 누르시면 메이트북스의 SNS가 나옵니다.